Björn Bedey

Vergleich des relationalen und objektorientierten D
von Daten für die Produktentwicklung

I0006958

Bibliografische Information der Deutschen Nationalbibliothek:

Bibliografische Information der Deutschen Nationalbibliothek: Die Deutsche Bibliothek verzeichnet diese Publikation in der Deutschen Nationalbibliografie; detaillierte bibliografische Daten sind im Internet über http://dnb.d-nb.de/ abrufbar.

Copyright © 1998 Diplomica Verlag GmbH
Druck und Bindung: Books on Demand GmbH, Norderstedt Germany
ISBN: 9783838610009

http://www.diplom.de/e-book/216894/vergleich-des-relationalen-und-objektorien-tierten-datenmodells-zur-speicherung

Björn Bedey

Vergleich des relationalen und objektorientierten Datenmodells zur Speicherung von Daten für die Produktentwicklung

Diplom.de

Björn Bedey

Vergleich des relationalen und objektorientierten Datenmodells zur Speicherung von Daten für die Produktentwicklung

Diplomarbeit
an der Universität Hamburg
Fachbereich Wirtschaftswissenschaften
Prüfer Prof. Dr. D. B. Preßmar
Institut für Wirtschaftsinformatik
Drei Monate Bearbeitungsdauer
August 1998 Abgabe

Diplomarbeiten Agentur
Dipl. Kfm. Dipl. Hdl. Björn Bedey
Dipl. Wi.-Ing. Martin Haschke
und Guido Meyer GbR

Hermannstal 119 k
22119 Hamburg

agentur@diplom.de
www.diplom.de

Bedey, Björn: Vergleich des relationalen und objektorientierten Datenmodells zur Speicherung von Daten für die Produktentwicklung / Bedey, Björn.- Hamburg: Diplomarbeiten Agentur, 1999
Zugl.: Hamburg, Univ., Dipl., 1998

Dipl. Kfm. Dipl. Hdl. Björn Bedey, Dipl. Wi.-Ing. Martin Haschke & Guido Meyer GbR
Diplomarbeiten Agentur, http://www.diplom.de, Hamburg 1999
Printed in Germany

Diplomarbeiten **Agentur**

Wissensquellen gewinnbringend nutzen

Qualität, Praxisrelevanz und Aktualität zeichnen unsere Studien aus. Wir bieten Ihnen im Auftrag unserer Autorinnen und Autoren Wirtschaftsstudien und wissenschaftliche Abschlussarbeiten – Dissertationen, Diplomarbeiten, Magisterarbeiten, Staatsexamensarbeiten und Studienarbeiten zum Kauf. Sie wurden an deutschen Universitäten, Fachhochschulen, Akademien oder vergleichbaren Institutionen der Europäischen Union geschrieben. Der Notendurchschnitt liegt bei 1,5.

Wettbewerbsvorteile verschaffen – Vergleichen Sie den Preis unserer Studien mit den Honoraren externer Berater. Um dieses Wissen selbst zusammenzutragen, müssten Sie viel Zeit und Geld aufbringen.

http://www.diplom.de bietet Ihnen unser vollständiges Lieferprogramm mit mehreren tausend Studien im Internet. Neben dem Online-Katalog und der Online-Suchmaschine für Ihre Recherche steht Ihnen auch eine Online-Bestellfunktion zur Verfügung. Inhaltliche Zusammenfassungen und Inhaltsverzeichnisse zu jeder Studie sind im Internet einsehbar.

Individueller Service – Gerne senden wir Ihnen auch unseren Papierkatalog zu. Bitte fordern Sie Ihr individuelles Exemplar bei uns an. Für Fragen, Anregungen und individuelle Anfragen stehen wir Ihnen gerne zur Verfügung. Wir freuen uns auf eine gute Zusammenarbeit

Ihr Team der *Diplomarbeiten* Agentur

Dipl. Kfm. Dipl. Hdl. Björn Bedey
Dipl. Wi.-Ing. Martin Haschke
und Guido Meyer GbR

Hermannstal 119 k
22119 Hamburg

Fon: 040 / 655 99 20
Fax: 040 / 655 99 222

agentur@diplom.de
www.diplom.de

Vergleich des relationalen und objektorientierten Datenmodells zur Speicherung von Daten für die Produktentwicklung

Diplomarbeit
(mit drei Monaten Bearbeitungsdauer)
zur Erlangung des Grades eines Diplomkaufmanns
am Fachbereich Wirtschaftswissenschaften
Institut für Wirtschaftsinformatik
der Universität Hamburg

eingereicht von:
cand. rer. pol. Björn Bedey
7. Semester Betriebswirtschaftslehre
Matrikelnummer: 430 34 12

Boltenhagener Straße 15
22147 Hamburg-Rahlstedt
Tel.: 040/647 34 74

Prüfer:
Prof. Dr. Dieter Preßmar
Betreuerin:
Dipl.-Wilng. Miriam Seibt

genehmigtes Abgabedatum: 14. August 1998

Inhaltsverzeichnis

Abbildungsverzeichnis

Tabellenverzeichnis

Abkürzungsverzeichnis

ANSI/X3/SPARC	American National Standards Committee on Computers and Information Processing, Standards Planning and Requirements Committee
BLOB	Binary Large Object
CAD	Computer Aided Design
CAE	Computer Aided Engineering
CAM	Computer Aided Manufacturing
CAP	Computer Aided Planning
CD-ROM	Compact Disc - Read Only Memory
DDL	Data Definition Language
DFÜ	Datenfernübertragung
DML	Data Manipulation Language
EDV	Elektronische Datenverarbeitung
ERD	Entity Relationship-Diagramm
ERM	Entity Relationship-Modell
ISDN	Integrated Services Digital Network
ISO	International Organization for Standardization
MAIS	Marketinginformationssystem
MTBF	Mean Time Between Failure
MTTR	Mean Time To Repair
NC	Numerical Control
ODL	Object Definition Language
ODMG	Object Database Management Group
OMT	Object Modeling Technique
OODBS	Objektorientiertes Datenbanksystem
OQL	Object Query Language

PPS	Produktionsplanungs- und Steuerungssystem
QFD	Quality Function Deployment
RDBS	Relationales Datenbanksystem
SQL	Structured Query Language
STEP	Standard for the Exchange of Product Model Data
TQM	Total Quality Management

Diese Arbeit ist meiner Tochter Zaya
gewidmet, die am 6. April 1998 das
Licht der Welt erblickte.

1. Grundlegung

In der Grundlegung werden neben der Einleitung die Problemstellung dieser Untersuchung abgegrenzt, der Gang der Untersuchung beschrieben und die zentralen Begriffe Datenmodell und Produktentwicklung erläutert.

1.1 Einleitung und Problemstellung

Die Produktentwicklung in Industrieunternehmen gewinnt immer mehr an Bedeutung. Aufgrund der verringerten Produktlebenszeiten müssen neue Produkte in immer kürzeren Abständen auf den Markt gebracht werden. So wurde beispielsweise in der Autoindustrie die durchschnittliche Entwicklungszeit neuer Modelle in den letzten Jahren um die Hälfte reduziert.[1] Hinzu kommt der steigende Druck auf die Unternehmen durch die wachsende Globalisierung der Märkte, welche aus dem Zusammenbruch politischer Schranken für Technologie und Handel resultiert. Die Entwicklungszeit ist für den Erfolg des Produkts entscheidend, denn nur der erste Anbieter am Markt kann über hohe Preise die Entwicklungskosten wieder einbringen und die wichtigsten Kunden an sich binden. Spätere Anbieter müssen mit einem niedrigeren Preis in den Markt gehen und die Kunden zu hohen Kosten abwerben.

Daher muß ein industrielles Unternehmen hinsichtlich der Produktentwicklung drei wesentliche Parameter optimieren: die Zeit der Produktentwicklung bis zur Marktreife, die Qualität der Entwicklung, der Fertigung und des fertigen Produkts sowie die Kosten von der Planung bis zum Vertrieb des Produktes.

Die Forderungen an die Produktentwicklung können über einen effizienten Datenaustausch über Struktur- und Unternehmensgrenzen hinaus realisiert werden. Erstellte Daten sollten über den gesamten Produktlebenszyklus hinweg problemlos und ohne Zeitverzögerung für die verschiedenen EDV-Systeme verfügbar sein. Dies ist zu realisieren, wenn die gleiche Datenbasis verwendet wird. Grundlage hierfür ist ein effizientes Datenmodell zur Speicherung der Daten für die Produktentwicklung.

---

[1] Dankwort, C.W. u.a.: Innovative Produktentwicklung, in: Features verbessern die Produktentwicklung, Hrsg.: VDI, Düsseldorf 1997, S. 331.

Den Unternehmen stehen mit dem relationalen und dem objektorientierten Datenmodell zwei relevante Modelle zur Auswahl. Das relationale Datenmodell hat sich in der Vergangenheit klar am Markt durchgesetzt und bewährt. Es ist auf einem hohen Entwicklungsstand und bildet die Basis für viele Datenbanksysteme. In den letzten Jahren reifte mit den objektorientierten Datenmodellen eine Alternative gegenüber den relationalen Datenmodellen heran. Für viele Systementwickler gehört der Objektorientierung die Zukunft. Das Unternehmen kann sich entscheiden, ob es ein relationales oder ein objektorientiertes Datenmodell zur Speicherung von Daten für die Produktentwicklung verwenden möchte. Von dieser Entscheidung hängt der Erfolg der Unternehmung ab.

Diese Arbeit wird durch einen Vergleich der beiden Modelle einen Beitrag für die Entscheidungsgrundlage leisten. Der Vergleich wird anhand von statischen Datenmodellen für die Daten der Produktentwicklung erfolgen. Der Prozeß der Produktentwicklung ist nicht Gegenstand der Betrachung. Der genaue Gang der Untersuchung wird im folgenden Abschnitt beschrieben.

1.2 Gang der Untersuchung

In dieser Grundlegung werden im anschließenden Abschnitt die Begriffe Datenmodelle und Produktentwicklung erläutert.

Das zweite Kapitel gibt einen theoretischen Einblick in die Welt der Datenmodelle. Anfangs wird in diesem Kapitel die Entwicklung der Datenmodelle durch die Datenorganistion aufgezeigt. Danach werden die Elemente der konzeptionellen Datenmodellierung erläutert. Eine Beschreibung des Entity Relationship-Modells (ERM) und des Objektmodells nach der Object Modeling Technique (OMT) schließt sich an. Anhand dieser beiden Modelle erfolgt im fünften Kapitel der Vergleich. Im letzten Abschnitt des zweiten Kapitels werden nach einem einleitenden Überblick über die verschiedenen logischen Datenmodelle die Grundlagen des relationalen und des objektorientierten Datenmodells genannt.

Im dritten Kapitel werden Vergleichskriterien für Datenbanken aufgestellt und für den Vergleich von Datenmodellen ausgewählt. Eingangs werden die inneren Kriterien, die sich mit dem Datenbankentwurf, dem Umgang und der

Verwaltung der Daten befassen, aufgezeigt. Danach werden äußere Kriterien für die vollständige Datenbank und das Umfeld der Datenbank vorgestellt. Schließlich wird die Problematik der Anwendbarkeit der Kriterien für den Vergleich von Datenmodellen erörtert und eine Auswahl getroffen.

Das vierte Kapitel gibt einen theoretischen Überblick über die Produktentwicklung und zeigt die benötigten Daten auf. Einleitend wird die Bedeutung der Produktentwicklung dargestellt. Daraufhin wird die Problematik der arbeitsteiligen Produktentwicklung aufgezeigt und das Vorgehen der simultanen Produktentwicklung als Alternative beschrieben. Der zukunftsweisende „Standard for the Exchange of Product Model Data (STEP)" ist Gegenstand des nächsten Abschnitts. Es folgt ein Überblick über die Zusammensetzung und die Struktur der Daten für die Produktentwicklung. Schließlich endet das vierte Kapitel mit der Beschreibung der Datenmodellanforderungen der Produktentwicklungsdaten.

Im fünften Kapitel wird der Vergleich eines relationalen und objektorientierten Datenmodells zur Datenbereitstellung in der Produktentwicklung durchgeführt. Die beiden Datenmodelle werden eingangs modelliert und beschrieben. Der Vergleich erfolgt mittels der inneren Kriterien des Datenbankentwurfs, des Umgangs mit den Daten und der Verwaltung der Daten sowie der äußeren Kriterien.

Die Schlußbetrachtung beendet schließlich diese Untersuchung.

Die Abbildungen sind für ein besseres Verständnis in den Textteil integriert.

Im folgenden Abschnitt werden grundlegende Begriffe geklärt.

1.3 Begriffsklärungen

Gegenstand der Begriffsklärung sind die Datenmodelle und die Produktentwicklung.

1.3.1 Datenmodelle

Es gibt eine Vielzahl an Definitionen von Datenmodellen. Die folgenden ausgesuchten Definitionen geben einen Überblick über den Inhalt und die Bedeutung von Datenmodellen. In der Literatur und Praxis werden die Begriffe Datenmodell und Datenschema oft synonym verwendet.[2] Eine eher allgemeine Definition eines Datenmodells hat M. Unterstein aufgestellt: „Tatsächlich aber geht es um die Abbildung von Ausschnitten der betrieblichen Wirklichkeit in ein Schema festgelegter Datenstrukturen. Insofern stellen die Datenstrukturen ein Modell der Wirklichkeit dar, indem sie Merkmale von Gegenständen (im weitesten Sinne) des betrieblichen Interesses wie beispielsweise Kundenadressen, getätigte Umsätze, Lagerbestände und andere Dinge in Form von Werten festzuhalten erlauben."[3] Für H. Wedekind sind Datenmodelle vergleichbar mit den Anschauungs- und Idealmodellen der Wirtschafts- und Gesellschaftswissenschaft. „Sie beschreiben jedoch keine Wirklichkeit, sondern ein Wissen über die lebensweltliche Bedeutung (Semantik) sowie über die maschinelle Repräsentation und Manipulation von Daten."[4] Wobei der maschinenbezogene Teil effizient zu implementieren, mit EDV-Anlagen verarbeitbar und einfach anwendbar sein sollte.[5]

Einige Definitionen setzen sich mit Teilaspekten auseinander. Mit den Mechanismen von Datenmodellen beschäftigt sich die Definition von A. Geppert und K. R. Dittrich: „Datenmodelle stellen Mechanismen zur Verfügung, mit denen sich Eigenschaften, Verhalten, Struktur von Sachverhalten

[2] Vgl. Unterstein, Michael: Unternehmensübergreifende Modellierung von Datenstrukturen, Diss. Univ. Stettin 1995, Wiesbaden 1996, S. 13.
[3] Unterstein, Michael, a.a.O., S. 13.
[4] Wedeking, Hartmut: Datenmodell, in: Lexikon der Wirtschaftsinformatik, Hrsg.: Peter Mertens u.a., 3. Aufl., Berlin u.a. 1997, S. 118.
[5] Vgl. Wedeking, Hartmut, a.a.O., S. 118.

eines Umweltausschnittes sowie zugehörige Konsistenzbedingungen beschreiben lassen."[6]

Für M. Lusti steht hingegen der Modellierungsvorgang bei seiner Definition im Vordergrund: „Datenmodelle sind formale Vorgehensweisen, die den Modellierungsvorgang unterstützen."[7]

Eine spezifischere Definition stammt von D. Schmidt: „Ein Datenmodell ist eine Gruppe von Konzepten zur Beschreibung einer Datenbank. Es definiert die Bausteine, aus denen Schemen konstruiert werden können, die Operationen, die auf der Datenbank ausgeführt werden können, und die allgemeinen Integritätsbedingungen, die eine Datenbank erfüllen muß, damit sie mit dem Datenmodell konform ist."[8]

Die Anwendungsunabhängigkeit steht bei J. Schwarze im Mittelpunkt: „... die Darstellung der Objekte, Beziehungen und deren Attribute in einer anwendungsunabhängigen, aber für die Konzeption von Datenbanken geeigneten Form."[9]

Das Datenmodell ist aber auch in einen Gesamtkontext integriert. So bestimmt es die zulässige Struktur von Datenbanksystemen, die dann mit einem Datenbankverwaltungssystem bearbeitet werden können. Es beschreibt die Bausteine, die beim Aufbau eines Schemas der Datenbank benutzt werden können, und die Operationen, die ausgeführt werden dürfen. Die Schemen werden mit Datendefinitionssprachen[10] (engl.: Data Definition Language - DDL) formuliert und die Manipulationen mit Datenmanipulationssprachen[11] (engl.: Data Manipulation Language - DML) ausgeführt. Durch das zugrundeliegende Datenmodell mit seinen Bausteinen sind die Sprachelemente der Datendefinitionssprache und durch seine Operationen die

---

[6] Geppert, Andreas und Dittrich, Klaus R.: Objektstrukturen in Datenbanksystemen, in: Datenbanksysteme in Büro, Technik und Wissenschaft, Hrsg.: Appelrath, Hans-Jürgen, Berlin u.a. 1991, S. 421.

[7] Lusti, Markus: Dateien und Datenbanken, Berlin u.a. 1989, S. 117.

[8] Schmidt, Duri: Persistente Objekte und objektorientierte Datenbanken, München u.a. 1991, S. 16.

[9] Schwarze, Jochen: Einführung in die Wirtschaftsinformatik, 4. Aufl., Herne u.a. 1997, S. 267.

[10] Siehe hierzu Schreier, Ulf: Datenbeschreibungssprache, in: Lexikon der Wirtschaftsinformatik, Hrsg.: Mertens, Peter u.a., 3. Aufl., Berlin u.a. 1997, S. 116.

[11] Siehe hierzu Kratzer, Klaus: Datenmanipulationssprache, in: Lexikon der Wirtschaftsinformatik, Hrsg.: Mertens, Peter u.a., 3. Aufl., Berlin u.a. 1997, S. 117f.

Manipulation einer Datenbank durch die Datenmanipulationssprache definiert.[12]

Die Definitionen lassen sich wie folgt zusammenfassen: Datenmodelle beschreiben Ausschnitte der Umwelt. Dies erfolgt mittels festgelegter Strukturen, die den Modellierungsvorgang unterstützten. Die Darstellung erfolgt anwendungsunabhängig und in geeigneter Form für die spezifische Datenbank. Durch die Auswahl des Datenmodells wird die zulässige Struktur der Datenbank bestimmt.

1.3.2 Produktentwicklung

Je nach Erklärungszweck wird die Produktentwicklung unterschiedlich beschrieben.

Eine allgemeine Definition von W. Eversheim lautet: „Die Produktentwicklung umfaßt alle Tätigkeiten von der Umsetzung von Marktanforderungen oder Kundenwünschen in eine entsprechende Anforderungsliste bis zum Produktionsanlauf mit der ersten „Null-Serie".[13]

Oft steht ausschließlich der Forschungs- und Entwicklungsbereich im Vordergrund, wie bei der Definition von H. Berger: „Gesamtheit der technischen, markt- und produktionsorientierten Tätigkeiten des Forschungs- und Entwicklungsbereiches einer industriellen Unternehmung zur Schaffung eines neuen oder verbesserten Produktes oder Verfahrens."[14]

Auch M. Seidel definiert Produktentwicklung ähnlich: „Die Aktivitäten der F&E zielen auf die Entwicklung eines (physischen) Produkts, das durch Qualität, ansprechende sowie ergonomische Gestaltung, durch Fortschrittlichkeit und ein akzeptables Preisniveau hohe Kundenzufriedenheit gewährleistet."[15]

Definitionen, die wirklich das gesamte Unternehmen betrachten, sind hingegen selten. So kann nach A.-W. Scheer[16] die Produktentwicklung, die auch Leistungsgestaltung genannt wird, von mehreren Sichtweisen aus betrach-

[12] Vgl. Schmidt, Duri, a.a.O., S. 15f.
[13] Eversheim, Walter u.a.: STEP als Integrationskern für die Produktdatengenerierung, in: VDI-Z, 135. Jg. (1993), Heft 7, S. 63.
[14] Berger, Hansjörg: Ansätze des Qualitätsmanagements für eine zukunftsweisende Produktentwicklung, Diss. Univ. St. Gallen 1994, Hallstadt 1994, S. 32.
[15] Seidel, Markus: Zur Steigerung der Marktorientierung der Produktentwicklung, Diss. Univ. St. Gallen 1996, Bamberg 1996, S. 66.
[16] Vgl. Scheer, August-Wilhelm: Wirtschaftsinformatik, 6. Aufl., Berlin u.a. 1995, S. 538.

tet werden. Das Marketing bestimmt die Produktanforderungen einer Produktidee. Es beschäftigt sich vorrangig mit den Wirkungen des Produkts beim Kaufprozeß. Die technischen Eigenschaften des Produkts werden durch die Konstruktion oder die Forschungs- und Entwicklungsabteilung entwickelt und in Form von topologisch-geometrischen Angaben beschrieben. In der Fertigung werden die Arbeitspläne oder die Herstellungsvorschriften erstellt, in der die notwendigen Arbeitsschritte der Produkterstellung festgehalten sind. Schließlich werden durch die Qualitätssicherung notwendige Testverfahren und Prüfpläne aufgestellt.

Die Produktdaten sind dann die erzeugten Beschreibungen der Produktentwicklung. Sie steuern als Stücklisten die Bedarfsauflösung, als Arbeitspläne die Kapazitätsplanung und sind die Grundlage für die Produktkalkulation. Die Produktentwicklung ist das Datenentstehungszentrum eines Betriebes und daher von zentraler Bedeutung.[17]

Die Definitionen lassen sich wie folgt zusammenfassen: Die Produktentwicklung umfaßt alle Tätigkeiten einer Unternehmung, die zur Schaffung eines neuen oder verbesserten Produktes beitragen. Sie kann dabei von mehreren Perspektiven bzw. Sichten aus gesehen werden. Ausgangsbasis sind hierbei stets die Kundenwünsche und Marktanforderungen.

Nachdem die beiden Begrifflichkeiten grundsätzlich erörtert wurden, werden im nächsten Kapitel die Datenmodelle ausführlicher dargestellt und entsprechend eingeordnet.

---

[17] Vgl. Scheer, August-Wilhelm: Wirtschaftsinformatik, a.a.O., S. 538.

2. Einordnung und Darstellung der Datenmodelle

In diesem Kapitel wird der theoretische Hintergrund der Datenmodelle dargestellt. Betrachtet werden die Grundlagen, die für das Verständnis von Datenmodellen notwendig sind. Weiterführende Literatur ist den Fußnoten zu entnehmen. Begonnen wird mit der Entwicklung der Datenmodelle durch die Datenorganisation.

2.1 Entwicklung der Datenmodelle durch die Datenorganisation

Die Entwicklung der Datenorganisation oder Dateiorganisation wurde von verschiedenen Einflüssen geprägt. Ein wichtiger Einfluß war die Akzentverschiebung in der EDV-Entwicklung Mitte der sechziger Jahre. Aufgrund der Verbilligung der Hardware und Rechenzeit verlor der Engpaß der physischen Möglichkeiten von EDV-Anlagen an Gewicht. Die enge Anpassung des Benutzers an die physischen Gegebenheiten war nicht mehr zwingend und der Begriff „Benutzerfreundlichkeit" gewann an Bedeutung. Es wurden Möglichkeiten der einfacheren Konstruktion komplexer logischer Systeme geboten und die zunehmende Automatisierung immer größerer Aufgabenbereiche führte zu Formalisierungen und allgemeinen Lösungen zur Datenspeicherung. Die stetig steigende Zahl von EDV-Anwendern mußte zudem mit den Details der physischen Datenorganisation verschont werden.[18]

In der Ausgangssituation der Datenorganisation übten die physische Struktur und die Programmlogik aufeinander Einfluß aus. Dieser Zustand wurde als physische Datenabhängigkeit bezeichnet und hatte vor allem die Nachteile der Redundanz[19] und Inkonsistenz[20] der Daten. Dies führte zur Entwicklung der integrierten Datenverarbeitung, bei der eine Integration der von verschiedenen Benutzern verwendeten Dateien durchgeführt wurde. Die Inkonsistenz und eine übermäßige redundante Datenspeicherung wurden durch die Zentralisierung der Datenerhebung, -kontrolle und -speicherung vermieden. Die steigende Zahl von EDV-Nutzern, die Menge der Daten und der damit notwendige Zugriffsschutz auf Daten führten zu einer Trennung in Anwenderprogramme auf der einen und gespeicherte Daten auf der ande-

---

[18] Vgl. Vinek, Günther u.a.: Datenmodellierung, Würzburg u.a. 1982, S. 18.
[19] Die Daten werden mehrfach gespeichert.
[20] Bei der mehrfachen Speicherung der Daten besteht die Gefahr von Unstimmigkeiten zwischen den Versionen.

ren Seite. Es wurde die physische Datenunabhängigkeit realisiert. Mittels der Anwenderprogramme konnten verschiedene Benutzersichten für die speziellen Anforderungen der einzelnen Benutzer aufgestellt werden. Die eigentlichen Daten wurden von anderen Programmen verwaltet. Der einfache Benutzer kommunizierte mit den Daten nur noch über eine standardisierte Schnittstelle. Die aus Sicht des Benutzers erstellte logische Beschreibung der benötigten Sachverhalte und ihrer Struktur wird als „externes Modell" bezeichnet und entspricht der Abbildung eines Teils der realen Welt. Demgegenüber steht das „interne Modell". Es beschreibt die Gesamtheit aller Benutzerdaten im Hinblick auf die physische Speicherung. In diesem Modell werden die Einzelheiten für die Effizienz, Sicherheit und Konsistenz der Datenmenge beschrieben. Ein solches Datenspeicherungssystem wird als Datenbank bezeichnet. Die Formalien für den Aufbau von externen Modellen werden Datenmodelle genannt. Mittels Datenbanksystemen können das interne und externe Modell maschinell verarbeitbar als internes und externes Schema formuliert werden. Bei der Eingabe solcher Schemata erzeugt das Datenbanksystem dann eine entsprechende Datenbank. Ein wesentlicher Aspekt der Datenbank ist eine veränderte Priorität zugunsten des externen Modells. Schließlich mußte noch die logische Datenunabhängigkeit realisiert werden. Logische Änderungen der Datenbasis sollten durchgeführt werden können, ohne die darauf zugreifenden Programme entscheidend zu beeinflussen. Hierfür wurde das konzeptionelle Modell zusätzlich auf der logischen Ebene eingeführt. Es handelt sich hierbei um eine von allen Benutzern gemeinsam akzeptierte einheitliche Darstellung der realen Welt oder eines Ausschnittes der realen Welt, dargestellt durch die Datenbank. Das konzeptionelle Modell dient als Vermittler zwischen den externen Datenmodellen der Benutzer und dem internen Datenmodell.[21] Entsprechend der eben beschriebenen Vorgehensweise werden im Zusammenhang mit der Beschreibung von Datenbanksystemen nach dem 1975 vom ANSI definierten Architekturmodell (ANSI/X3/SPARC) die konzeptionelle, die interne und die externe Datensicht unterschieden. In der Literatur sind

---

[21] Vgl. Vinek, Günther u.a., a.a.O., S. 18ff.

anstelle des Begriffes Datensicht auch Schema, Ebene oder Modell gebräuchlich.[22]

Abb. 1: Drei-Schichten-Modell

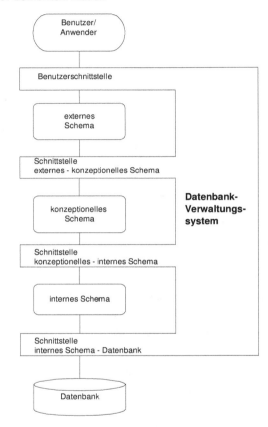

Entworfen und gezeichnet: Bedey, Björn, in Anlehnung an: Vossen, Gottfried: Daten-modelle, Datenbanksprachen und Datenbankmanagement-Systeme, Bonn u.a. 1987, S. 21.

Im nächsten Abschnitt werden die konzeptionellen Datenmodelle näher beschrieben.

---

[22] Vgl. Ortner, E. und Söllner, B.: Semantische Datenmodellierung nach der Objekttypen-methode, in: Informatik Spektrum, Bd. 12 (1989), S. 32 und Bastian, Michael: Datenbank-Architektur und Datenmodelle, in: HMD, 21. Jg. (1984), Heft 118, S. 6ff.

2.2 Konzeptionelle Datenmodelle

Nach einer kurzen Beschreibung der grundsätzlichen Elemente der konzeptionellen Datenmodellierung werden das ERM und das Objektmodell nach OMT vorgestellt. Auf der Grundlage dieser beider Modelle, die jeweils für das relationale und objektorientierte Datenmodell relevant sind, wird später im fünften Kapitel der Vergleich durchgeführt.

2.2.1 Elemente der konzeptionellen Datenmodellierung

Um über Daten unabhängig von deren jeweiligen Anwendungen sprechen zu können, müssen allgemeingültige Begriffe eingeführt werden. Dies geschieht im folgenden.

Daten, die in einem Informationssystem gespeichert und bearbeitet werden, können von dem Betrachter als Entscheidungsgrundlage genutzt werden, sie repräsentieren in diesem Sinne Informationen. Die Daten beschreiben oder beziehen sich auf reale oder abstrakte Phänomene. Es sind aber nur Daten über einen Teil der Welt, der für die jeweilige Anwendung relevant ist. In einem Industriebetrieb wären es z. B. Kunden, Lieferanten, Produktdaten usw. Diese sind zugleich die Objekte (engl.: entities), die die Daten eines Industriebetriebes ausmachen.[23]

Die Objekte werden jeweils wieder durch eine oder mehrere Eigenschaften (engl.: properties) beschrieben. Diese könnten z. B. der Name, die Anschrift und die Telekommunikationsdaten des Kunden sein oder die Artikelnummer, der Preis, die Herstelldauer und der Lagerbestand eines Produktes. Je nach Anwendung sind nicht immer alle Eigenschaften auch relevant. Die relevanten Eigenschaften eines Objekts werden Attribute (engl.: attributes) genannt. Die Gesamtheit aller Werte, die ein Attribut annehmen kann, wird als Wertebereich oder Domäne (engl.: domain) bezeichnet. Gleiche Objekte haben auch die gleiche Anzahl von Attributen und bilden eine Objektmenge (engl.: entity set), Objektkategorie (engl.: entity category) bzw. Objektklasse (engl.: entity class). In dem Industriebetrieb würden alle Kunden zusammen die Objektmenge Kunde mit den gleichen Attributen bilden.[24]

---

[23] Vgl. Goldschlager, Les und Lister, Andrew: Informatik, 3. Aufl., München u.a. 1990, S. 266 und Schwarze, Jochen, a.a.O., S. 263.

[24] Vgl. Schwarze, Jochen, a.a.O., S. 263ff. und Goldschlager, Les und Lister, Andrew, a.a.O., S. 266 und S. 270.

In einer Objektmenge können Objekte die gleichen Attributwerte aufweisen; es muß aber mindestens ein Attribut eines Objektes einen einmaligen bzw. eindeutigen Wert haben. Nur so ist es möglich, die Objekte untereinander zu unterscheiden. Das Attribut, welches zur Unterscheidung der einzelnen Ob-jekte einer Objektmenge dient, wird als Schlüssel (engl.: key) oder Primär-schlüssel bezeichnet. Für die Objektmenge „Kunde" könnte dieser z. B. die Kundennummer, für die Produktdaten die Artikelnummer sein.[25]

Die Objekte bilden untereinander Beziehungen (engl.: relationship). Im Beispiel des Industriebetriebes kauft ein Kunde ein Produkt und unser Lieferant liefert Teile, die wiederum zu einem Produkt gehören. Die Beziehungen sind wichtig und müssen daher auch durch die Daten dargestellt werden.[26]

Für den Bereich der Datenmodellierung sind zudem die „Kardinalitäten" (Komplexitäten, Multiplizitäten) von Objekt- bzw. Beziehungstypen wichtig. Unter Kardinalität eines Objekttyps und eines Beziehungstyps wird die mögliche Anzahl der Objekte eines Objekttyps verstanden, die über eine Beziehung mit anderen Objekten eines anderen Objekttyps verbunden sind. Es werden die Kardinalitäten genau ein, kein oder ein, beliebig viele, mindestens ein und beliebig viele Objekte unterschieden. Kardinalitäten dienen der genaueren Beschreibung von Beziehungstypen.[27]

2.2.2 Entity Relationship-Modell

Das semantische Datenmodell geht dem logischen Datenmodell voraus. Es wird in ein logisches Datenmodell umgesetzt. Das 1976 von Chen[28] entwickelte ERM hat sich in den letzten Jahren als Standardmodell zur semantischen Modellierung für relationale Datenmodelle herausgebildet[29] und soll im folgenden Gegenstand der Betrachtung sein.

In einem ersten Schritt werden die Objekte erfaßt und beschrieben. Es werden hierfür die bereits beschriebenen Begriffe Entity, Attribute, Attributwerte

---

[25] Vgl. Goldschlager, Les und Lister, Andrew, a.a.O., S. 266f. und S. 271.
[26] Vgl. Schwarze, Jochen, a.a.O., S. 265 und Goldschlager, Les und Lister, Andrew, a.a.O., S. 267.
[27] Vgl. Kleinschmidt, Peter und Rank, Christian: Relationale Datenbanksysteme, Berlin u.a. 1997, S. 11 und Schwarze, Jochen, a.a.O., S. 269f.
[28] Siehe hierzu Chen, Peter: The Entity-Relationship Model - Towards a Unified View of Data, in: ACM Transactions on Database Systems, 1, 1, 1976, S. 9-36.

und Entity-Typ (Objekttyp) benutzt. Jedem Entity-Typ wird eine Kombination von Attributen zugeordnet. Jedes Entity wird individuell durch eine Kombina-tion von Attributwerten dargestellt. In einem zweiten Schritt werden die Be-ziehungen erfaßt und beschrieben. Hierfür werden die bereits erläuterten Begriffe Beziehungen, Beziehungstypen und Kardinalität verwendet. Schließlich erfolgt die grafische Darstellung der Objekte und Beziehungen. Diese werden im ERM durch das Entity Relationship-Diagramm (ERD) beschrieben. Durch die grafische Darstellung erfolgt eine stärkere Visuali-sierung, die zu einer übersichtlicheren und verständlicheren Beschreibung der bestehenden Zusammenhänge führt. Nachteilig ist der erhebliche Platz-bedarf. Für die grafische Darstellung müssen Symbole und Regeln aufge-stellt werden. Für Objekttypen werden Rechtecke, für Beziehungstypen Rhomben (Rauten) und für Attribute Ellipsen an den Rechtecken verwendet. Hierbei dürfen Objekttypen jeweils nur mit Beziehungstypen und Bezie-hungstypen nur mit Objekttypen in Verbindung stehen. Die Kardinalität wird an den Rechtecken der entsprechenden Objekttypen vermerkt.[30]

Abb. 2: Entity Relationship-Diagramm

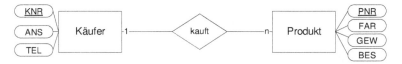

Entworfen und gezeichnet: Bedey, Björn, in Anlehnung an: Stahlknecht, Peter und Hasenkamp, Ulrich: Einführung in die Wirtschaftsinformatik, 8. Aufl., Berlin u.a. 1997, S. 208.

Beim Entwurf des ERD wird zuerst ein grobes Diagramm aufgestellt, das schrittweise verfeinert wird (Prinzip der schrittweisen Verfeinerung).[31]
Das ERM beinhaltet die Abstraktionsmechanismen Generalisierung und Aggregation. Bei der Generalisierung werden Objekttypen zu übergeord-

---

[29] Vgl. Lockemann, Peter C. und Radermacher, Klaus: Konzepte, Methoden und Modelle zur Datenmodellierung, in: HMD, 27. Jg. (1990), Heft 152, S. 8.

[30] Vgl. Vossen, Gottfried: Datenmodelle, Datenbanksprachen und Datenbankmanagement-Systeme, Bonn u.a. 1987, S. 48ff. und Stahlknecht, Peter und Hasenkamp, Ulrich: Einführung in die Wirtschaftsinformatik, 8. Aufl., Berlin u.a. 1997, S. 202ff.

[31] Vgl. Stahlknecht, Peter und Hasenkamp, Ulrich, a.a.O., S. 206.

neten Objekttypen zusammengefaßt und bei der Spezialisierung die Objekt-typen in nachgeordnete Objekttypen mit unterschiedlichen Merkmalen zer-legt. Während die Generalisierung von unten nach oben (engl.: bottom up) vollzogen wird, geschieht dies bei der Spezialisierung von oben nach unten (engl.: top down).[32]

Abb. 3: Generalisierung und Spezialisierung nach ERM

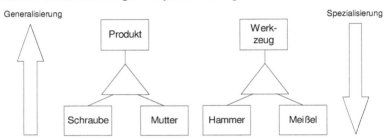

Entworfen und gezeichnet: Bedey, Björn, in Anlehnung an Stahlknecht, Peter und Hasenkamp, Ulrich: Einführung in die Wirtschaftsinformatik, 8. Aufl., Berlin u.a. 1997, S. 209.

Es wurden vom ERM im Laufe der letzten Jahre eine Vielzahl von Erweiterungen publiziert,[33] die nicht näher betrachtet werden.

2.2.3 Objektmodell nach der Object Modeling Technique

Neben dem ERM, das auf dem relationalen Datenmodell basiert, hat sich für objektorientierte Datenmodelle die objektorientierte Modellierungsmethode (OMT) von J. Rumbaugh[34] etabliert.[35] Es handelt sich hierbei ebenfalls um eine grafische Darstellung. Im folgenden werden die Elemente des statischen Objektmodells dargestellt. Neben dem Objektmodell können mittels OMT auch dynamische und funktionale Modelle modelliert werden. Da es sich hierbei aber um dynamische prozeß- und ereignisorientierte Modelle

---

[32] Vgl. Stahlknecht, Peter und Hasenkamp, Ulrich, a.a.O., S. 208f. und Schwarze, Jochen, a.a.O., S. 273f.
[33] Siehe hierzu Heuer, Andreas und Saake, Gunter: Datenbanken, Bonn u.a. 1997, S. 77ff.
[34] Siehe hierzu Rumbaugh, James u.a.: Objektorientiertes Modellieren und Entwerfen, München u.a. 1993.
[35] Die Modellierungsmethoden von P. Coad und G. Booch sind ebenfalls gängig. Zunehmend wird die Modellierungsmethode UML, die von Microsoft unterstützt wird, verwendet.

handelt, die nicht Gegenstand dieser Untersuchung sind, werden diese nicht weiter betrachtet.

Objektklassen oder Klassen werden als Rechtecke dargestellt, in denen der Objektname in fetter Schrift geschrieben wird. Die einzelnen Objekte oder Objektinstanzen werden als abgerundetes Rechteck dargestellt, in denen der Klassenname oben in fetter Schrift in Klammern steht und der Objekt-name in normaler Schrift darunter. Attribute werden im zweiten Teil der Klassenbox gezeigt. Zwischen dem Klassennamen und den Attributen muß eine Linie gezogen werden, bei Objektboxen dagegen nicht. Operationen, wie Funktionen oder Transformationen, die auf die Objekte angewendet werden können, werden im dritten Teil der Klassenbox dargestellt. Diese wird ebenfalls durch einen Strich vom zweiten Teil getrennt.[36]

Abb. 4: Klassen und Objekte nach OMT

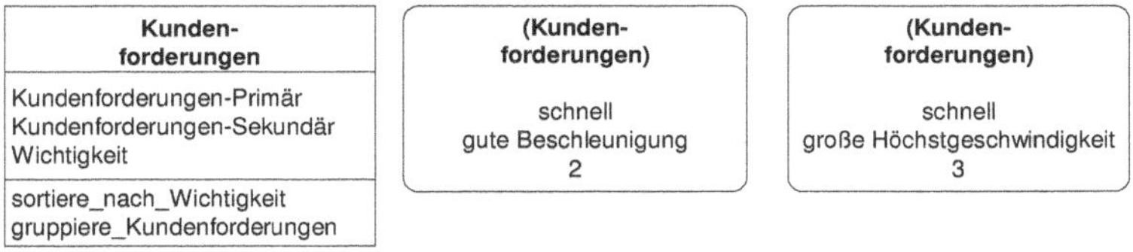

Kunden- forderungen	(Kunden- forderungen)	(Kunden- forderungen)
Kundenforderungen-Primär Kundenforderungen-Sekundär Wichtigkeit	schnell gute Beschleunigung 2	schnell große Höchstgeschwindigkeit 3
sortiere_nach_Wichtigkeit gruppiere_Kundenforderungen		

Entworfen und gezeichnet: Bedey, Björn.

Eine Gruppe von Beziehungen oder Verknüpfungen von Objektinstanzen mit gemeinsamer Struktur und Semantik werden als Assoziation bezeichnet. Eine Assoziation wird mittels einer Linie zwischen Klassen und eine Verknüpfung mittels einer Linie zwischen Objekten dargestellt. Die Assoziationsnamen werden kursiv geschrieben. Die Kardinalitäten werden durch bestimmte Linienenden gekennzeichnet. Null oder mehr wird durch einen fetten schwarzen Punkt und Null oder Eins durch einen transparenten Punkt angezeigt. Hat eine Linie keine Kardinalitätssymbole, steht dieses für eine 1:1-Assoziation. Die Kardinalität kann auch explizit am Linienende angegeben werden, z. B. durch eine 1+ für eins oder mehr.[37]

---

[36] Vgl. Rumbaugh, James u.a., a.a.O., S. 28ff.
[37] Vgl. Rumbaugh, James u.a., a.a.O., S. 34ff.

Abb. 5: Assoziation und Kardinalitäten nach OMT

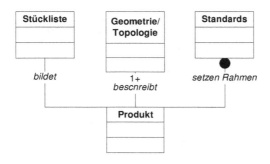

Entworfen und gezeichnet: Bedey, Björn.

Eine Aggregation wird ähnlich einer Assoziation dargestellt. Das Komponentengruppen-Ende der Relation wird hierbei durch eine kleine Raute gekennzeichnet. Die Generalisierung drückt die Relation zwischen einer Klasse und verfeinerten Versionen davon aus. Eine Oberklasse wird hierbei in Unterklassen aufgeteilt. Dargestellt wird die Notation mittels eines Dreiecks, das die Oberklasse mit den Unterklassen verbindet. Während die Oberklasse mit der Spitze des Dreiecks verbunden wird, werden die Unterklassen durch Linien mit einem horizontalen Balken verbunden, der über die Grundlinie des Dreiecks geht.[38]

---

[38] Vgl. Rumbaugh, James u.a., a.a.O., S. 46ff.

Abb. 6: Aggregation und Generalisierung nach OMT

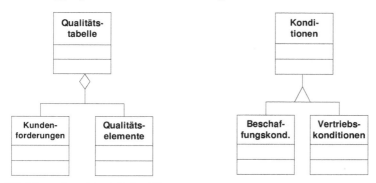

Entworfen und gezeichnet: Bedey, Björn.

Mittels Modulen können schließlich unterschiedliche Perspektiven des Modells dargestellt werden. Auf jedem Blatt steht oben die Bezeichnung des Moduls. Eine einheitliche Notation gibt es hierfür nicht.[39]

Nachdem die beiden Modellierungsmethoden für die semantischen Datenmodelle beschrieben wurden, werden im nächsten Abschnitt die Grundlagen der logischen Datenmodelle vorgestellt.

2.3 Logische Datenmodelle

Zuerst wird in diesem Abschnitt ein Überblick über die verschiedenen logischen Datenmodelle gegeben, um dann explizit die Grundlagen des relationalen und objektorientierten Datenmodells vorzustellen.

2.3.1 Die verschiedenen Datenmodelle im Überblick

In der konzeptionellen Datensicht wird die logische Struktur aller Daten beschrieben. Dies erfolgt aus der Gesamtsicht und auf logischer Ebene unabhängig von den jeweiligen Anwendungen der Benutzersicht und der physischen Speicherung.[40]

Die Beschreibung der logischen Struktur erfolgt in einem ersten Schritt durch ein semantisches Datenmodell. Hierfür hat sich die grafische Darstellung in Form des ERM in der Vergangenheit durchgesetzt. Das semantische Da-

---

[39] Vgl. Rumbaugh, James u.a., a.a.O., S. 53.
[40] Vgl. Stahlknecht, Peter und Hasenkamp, Ulrich, a.a.O., S. 198 und Schwarze, Jochen, a.a.O., S. 268.

tenmodell kann in ein spezifisches Datenmodell oder Datenbankmodell überführt werden, je nach verwendetem Datenbankverwaltungssystem. Unterschieden werden hier hierarchische, netzwerkartige, verteilte, relationale und neuerdings objektorientierte Datenmodelle.[41] Bei dem hierarchischen Datenmodell handelt es sich um Baumstrukturen, die in der obersten Ebene einen Knoten, die Wurzel, haben. Jeder Knoten in diesem Modell hat nur einen übergeordneten Knoten. Mit dem hierarchischen Modell lassen sich nur 1:m-Beziehungen behandeln. Bei der Bearbeitung von sequentiellen Dateien kommen diese Eltern-Kind-Beziehungen häufig vor. Aufgrund dieser Strukturen ist eine sehr schnelle Suche nach Daten realisierbar.[42]

Abb. 7: Hierarchisches Datenmodell

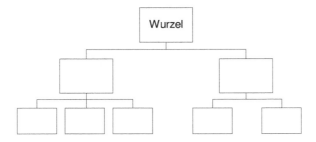

Quelle: Hering, Ekbert u.a.: Informatik für Ingenieure, Düsseldorf 1995, S. 183.

Bei dem Netzwerk-Datenmodell verfügt der Knoten über mehr als nur einen übergeordneten Knoten. Es liegt hier eine m:n-Beziehung vor. Mit diesem Modell können in der Praxis häufig vorkommende vernetzte Strukturen abgebildet werden. Nachteilig sind mögliche Redundanzen, die bei einer Umwandlung in hierarchische Bäume auftreten, und eine mangelnde Datenunabhängigkeit durch die Speicherung aller Verbindungen zu allen Daten.[43]

---

[41] Vgl. Hering, Ekbert u.a.: Informatik für Ingenieure, Düsseldorf 1995, S. 183 und Stahlknecht, Peter und Hasenkamp, Ulrich, a.a.O., S. 198.
[42] Vgl. Hering, Ekbert u.a., a.a.O., S. 183.
[43] Vgl. Riemann, Walter O.: Betriebsinformatik, München u.a. 1988, S. 100 und Hering, Ekbert u.a., a.a.O., S. 183f.

Abb. 8: Netzwerk-Datenmodell

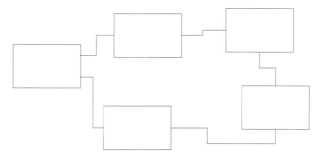

Entworfen und gezeichnet: Bedey, Björn, in Anlehnung an Hering, Ekbert u.a.: Informatik für Ingenieure, Düsseldorf 1995, S. 183.

Beim verteilten Datenmodell bzw. in verteilten Datenbänken befinden sich die Datenbestände an unterschiedlichen Stellen im Unternehmen und auf verschiedenen Rechnern. Einige Daten werden aus Sicherheitsgründen redundant gespeichert. Dieses Modell bietet den Vorteil, verschiedenen Nutzern unterschiedlicher Rechnersysteme über ein Netz den Zugriff auf alle Daten zu ermöglichen. Dieses Modell eignet sich besonders für dezentrale Organisationsstrukturen. Der Nutzer hat Vorteile hinsichtlich der Autonomie, der Sicherheit, der Flexibilität, der Aktualität, der Kosten, der Zeit und der Qualität. Nachteilig ist die Problematik des Schutzes vor unberechtigtem Zugriff und unberechtigter Änderung von Daten.[44]

---

[44] Vgl. Hering, Ekbert u.a., a.a.O., S. 186f.

Abb. 9: Verteiltes Datenmodell

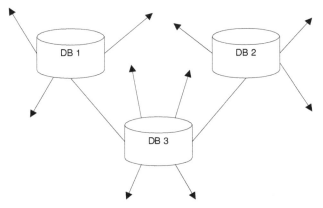

Entworfen und gezeichnet: Bedey, Björn, in Anlehnung an Hering, Ekbert u.a.: Informatik für Ingenieure, Düsseldorf 1995, S. 183.

Die Datenmodelle liefern den formalen Rahmen, damit die Beschreibungen in einer computerverständlichen Form festgehalten werden können. Sie geben an, in welcher Form die Daten vorhanden sein müssen. Die eigentliche Formulierung, die Beschreibung der Objekte und Beziehungen, findet mittels der DDL des benutzten Datenbankverwaltungssystems statt. So erfolgt bspw. die Beschreibung beim hierarchischen Datenmodell und dem Netzwerk-Datenmodell mittels grafischer Darstellungen und beim relationalen Datenmodell mittels Tabellen. Vom Datenmodell hängt auch die Wahl der geeigneten DML für die Handhabung der Daten ab.[45]

In der Praxis hat sich das relationale Datenmodell durchgesetzt. Seit Anfang der neunziger Jahre gewinnen aber die objektorientierte Datenmodelle zunehmend an Relevanz. In den folgenden Abschnitten werden diese beiden Datenmodelle ausführlicher dargestellt.

---

[45] Vgl. Schlageter, Gunter und Stucky, Wolffried: Datenbanksysteme: Konzepte und Modelle, 2. Aufl., Stuttgart 1983, S. 57 und Stahlknecht, Peter und Hasenkamp, Ulrich, a.a.O., S. 198.

2.3.2 Grundlagen des relationalen Datenmodells

Der Amerikaner E. F. Codd[46] entwickelte von 1968 bis 1973 das relationale Datenmodell oder Relationenmodell, welches er 1970 erstmals veröffentlichte. Dieses Datenmodell bedient sich entweder mathematischer Schreibweisen, die auf der Mengentheorie basieren, oder einer tabellarischen Darstellungsform. Beim relationalen Datenmodell können alle Daten in zweidimensionalen Tabellen mit einer fixen Anzahl von Spalten sowie einer beliebigen Anzahl von Zeilen dargestellt werden.[47]

Im Kern besitzt das relationale Datenmodell folgende Eigenschaften: Alle Informationen in einer relationalen Datenbank werden durch Werte einheitlich repräsentiert und können in Form einer Tabelle dargestellt werden. Für den Benutzer sind keine Verweise zwischen den Tabellen sichtbar. Die Operationen zur Selektion und Projektion sowie zur Verbindung von Tabelleneinträgen sind definiert.[48]

Dem Modell liegen folgende grundsätzliche Begrifflichkeiten zugrunde: Eine Relation ist eine zweidimensionale Tabelle. Die Relation entspricht einem Entity-Typ. Als Tupel wird jede Zeile einer Tabelle bezeichnet. Die Zeile entspricht dann jeweils einem bestimmten Entity des Entity-Typs. Die Spalten der Tabelle sind identisch mit den Attributen. Die Attributwerte beschreiben die Entities. Es dürfen keine gleichen Zeilen in einer Tabelle vorhanden sein. Die Reihenfolge der Zeilen und Spalten sind irrelevant. Die Menge der Attribute wird als Grad der Relation bezeichnet. Unter Domäne wird schließlich die gesamte Anzahl aller Attributwerte eines Attributs verstanden. Attribute können sich aus mehreren Teilen zusammensetzen, z. B. kann das Attribut Name aus den Teilen Vorname und Nachname bestehen. Jedoch sind Attribute nicht in kleinere Einheiten zu zerlegen, sie sind atomar. Auch zusammengesetzte Attribute werden als eine Einheit betrachtet.[49]

---

[46] Siehe hierzu folgende Artikel: Codd, E. F.: A Relational Model of Data for Large Shared Data Banks, in: Communications of the ACM 13, 1970, S. 377-387, Codd, E. F.: Extending the Database Relational Model to Capture More Meaning, in: ACM Transactions on Database Systems, 4, 4, 1979, S. 397-434 und Codd, E. F.: The Relational Model for Database Management, Version 2, Addison-Wesley, Reading, MA, 1990.

[47] Vgl. Stahlknecht, Peter und Hasenkamp, Ulrich, a.a.O., S. 212f., siehe auch Schlageter, Gunter und Stucky, Wolffried, a.a.O., S. 80ff.

[48] Vgl. Schmidt, Joachim W.: Datenbankmodelle, in: Datenbank-Handbuch, Hrsg.: Lockemann, Peter C. und Schmidt, Joachim W., Berlin u.a. 1987, S. 31.

Abb. 10: Relationale Tabelle mit Bezeichnungen

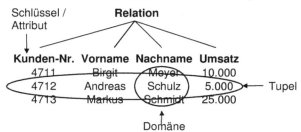

Schlüssel / Attribut → Relation → Kunden-Nr. Vorname Nachname Umsatz → Tupel → Domäne

Entworfen und gezeichnet: Bedey, Björn, in Anlehnung an Hering, Ekbert u.a.: Informatik für Ingenieure, Düsseldorf 1995, S. 185.

Von Bedeutung ist beim relationalen Datenmodell der Normalisierungspro-zeß. Bei diesem werden die anfangs in der nicht normalisierten Form vor-liegenden Relationen in die 1. Normalform gebracht. Danach werden dann weitere Normalformen gebildet, in denen eventuelle Redundanzen verringert werden. Die nicht normalisierte Form zeichnet sich durch Wiederholungs-gruppen aus, weil einige Attribute nicht elementar sind. Hierbei treten meh-rere Werte innerhalb von Spalten derselben Zeile mehrmals auf. Erst wenn keine Wiederholungsgruppen mehr vorhanden sind befindet sich die Rela-tion in der 1. Normalform. Dies wird dadurch realisiert, daß Zeilen mit mehr-fach besetzten Attributen zu mehreren Zeilen umgewandelt werden.[50]

In der 1. Normalform sind meist noch Redundanzen bei den Nichtschlüssel-attributen enthalten. Die 2. Normalform soll diese Redundanzen verringern. In der 2. Normalform befindet sich eine Relation, wenn sich ein Nichtschlüs-selattribut nicht durch einen Teil des Primärschlüssels identifizieren läßt. Be-steht der Primärschlüssel aus einem Attribut, ist die Relation in der 2. Nor-malform.[51]

Die 2. Normalform enthält meist auch Redundanzen in der Relation mit dem Primärschlüssel. Diese Redundanzen sollen durch die 3. Normalform beseitigt werden. In der 3. Normalform befindet sich eine Relation, wenn die

---

[49] Vgl. Liebetrau, Georg: Die Feinplanung von DV-Systemen, Braunschweig u.a. 1994, S. 94f. und Stahlknecht, Peter und Hasenkamp, Ulrich, a.a.O., S. 213.

[50] Vgl. Wiederhold, Gio: Datenbanken, Bd. 2 Datenbanksysteme, München 1981, S. 8ff. und Stahlknecht, Peter und Hasenkamp, Ulrich, a.a.O., S. 213f.

[51] Vgl. Kudlich, Hermann: Datenbank-Design, Wien u.a. 1988, S. 57ff. und Biethahn, Jörg u.a.: Ganzheitliches Informationsmanagement, Bd. 2 Daten- und Entwicklungsmanage-ment, München u.a. 1991, S. 97ff.

nicht zum Primärschlüssel gehörenden Attribute wechselseitig voneinander unabhängig sind.[52]

Die Relationen in der 3. Normalform werden meist dem Datenbankverwaltungssystem als Datenbeschreibung ausgehändigt[53]. Es gibt noch weitere Normalformen, die allerdings nur theoretischen Charakter haben und in der Praxis kaum benutzt werden[54].

In der 3. Normalform entstehen oft Redundanzen bei den Schlüsselattributen. In der Praxis wird aber versucht ein Optimum zwischen Zugriffszeit, Pflegeaufwand und Speicherbedarf zu finden. Die logische Datenorganisation kann daher nicht völlig von der physischen getrennt werden. Es ist oft sogar sinnvoll, die 3. Normalform wieder in die 2. Normalform zu verwandeln. Dies wird als Denormalisierung bezeichnet. Es kann auch sinnvoll sein, gleich in der 1. Normalform Wiederholungsgruppen zuzulassen.[55]

Das relationale Datenmodell bildet für die meisten Datenbankverwaltungssysteme der letzten 20 Jahre die Basis. So ist es bspw. die Grundlage für DB2 von IBM oder von Programmen wie Access, ADABAS, Informix, Oracle, Progress, SQL Windows und Sysbase.[56]

2.3.3 Grundlagen des objektorientierten Datenmodells

Das objektorientierte Datenmodell läßt sich aus dem Ansatz der objektorientierten Programmiersprachen ableiten. Es enthält wesentliche Elemente der Objektorientierung. Die Objektorientierung geht dabei weit über die Datenmodellierung hinaus. Es handelt sich hierbei um einen Ansatz zur Systemkonzeption, der dabei auch die Datenmodellierung einschließt.[57]

Dem objektorientierten Datenmodell liegt eine Sichtweise zugrunde, bei der die reale Welt aus vielen Objekten besteht, die miteinander in Beziehungen stehen. Diese Objekte werden detailliert auf unterschiedlichen Abstraktionsebenen untersucht.[58]

---

[52] Vgl. Kudlich, Hermann, a.a.O., S. 62ff. und Stahlknecht, Peter und Hasenkamp, Ulrich, a.a.O., S. 217.
[53] Vgl. Stahlknecht, Peter und Hasenkamp, Ulrich, a.a.O., S. 218.
[54] Vgl. Meier, Andreas: Relationale Datenbanken, Berlin u.a. 1992, S. 34f.
[55] Vgl. Stahlknecht, Peter und Hasenkamp, Ulrich, a.a.O., S. 218.
[56] Vgl. Stahlknecht, Peter und Hasenkamp, Ulrich, a.a.O., S. 219.
[57] Vgl. Schwarze, Jochen, a.a.O., S. 283.
[58] Vgl. Hughes, John G.: Objektorientierte Datenbanken, München u.a. 1992, S. 75.

Ein Auto wird bspw. in seiner Gesamtheit betrachtet. Eine genaue Untersu-chung seiner Einzelteile findet nicht statt. Das Auto wird als Ganzes mit sei-nen Eigenschaften wie Geschwindigkeit, Farbe, Gewicht etc. betrachtet. Selbst wenn nur der Motor in den Vordergrund rückt, wird dieser ebenfalls in seiner Gesamtheit und seinen Eigenschaften wie Geräuschentwicklung, Energieverbrauch, Leistungsstärke etc. gesehen und nicht in Form der ein-zelnen Teile, aus denen er zusammengesetzt ist.

Objektorientierte Datenbankmodelle zeichnen sich durch eine anwendungs-orientierte Darstellung von der Analyse bis zur Realisierungsphase aus. Der Anwender kann die Datenbank als eine Sammlung von miteinander in Bezie-hung stehender Objekte sehen, die ihm im jeweils notwendigen Detaillie-rungsgrad präsentiert werden können. Das objektorientierte Datenmodell unterstützt eine natürlichere Darstellung der realen Welt.[59]

Es existiert eine Vielzahl von objektorientierten Modellierungsmethoden- von denen sich bisher keine als allgemeingültiger Standard durchgesetzt hat[60].

Im folgenden wird die grundsätzliche Konzeption der Objektorientierung für das Objektmodell anhand der Grundkonstrukte und des statischen Modells dargestellt. Es wird bewußt auf die Darstellung des dynamischen und funk-tionalen Modells verzichtet, da in dieser Untersuchung nicht der Prozeß der Produktentwicklung im Vordergrund steht, sondern die Speicherung der Daten der Produktentwicklung, welches in einem statischen Modell abzu-bilden ist. Zudem wäre dieses nicht mit dem vorgegebenen Rahmen dieser Arbeit zu vereinbaren. Der interessierte Leser sei auf die zitierte Fachlitera-tur verwiesen.

---

[59] Vgl. Hughes, John G., a.a.O., S. 75.
[60] Kieß, Jan U.: Objektorientierte Modellierung von Automatisierungssystemen, Berlin u.a. 1995, S. 39ff.

Abb. 11: Konstrukte des Objektmodells

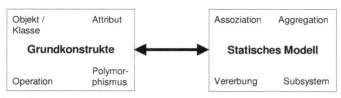

Objekt / Klasse	Attribut		Assoziation	Aggregation
Grundkonstrukte		◀──▶	**Statisches Modell**	
Operation	Polymor-phismus		Vererbung	Subsystem

Entworfen und gezeichnet: Bedey, Björn.

Für das Verständnis des Modells sind die Grundkonstrukte Objekt, Abstraktion, Kapselung, Klasse, Attribut, Operation (Methoden) und Polymorphismus von Bedeutung.

Ein Objekt ist im allgemeinen Gegenstand des Interesses. Jenes wird durch bestimmte Eigenschaften charakterisiert und reagiert durch ein definiertes Verhalten auf die Umwelt. Hierbei werden die Eigenschaften durch Attributwerte und das Verhalten durch Operationen bestimmt. Jedes Objekt besitzt eine eigene Identität, die es von allen anderen Objekten unterscheidet und über die Lebensdauer nicht änderbar ist.[61]

Ein Grundprinzip des Objektmodells ist die Abstraktion. Durch sie wird die Komplexität verringert. Dies geschieht, indem irrelevante Aspekte eines umfangreichen Systems nicht betrachtet werden, um das Gesamtsystem zu verstehen. Hierbei wird versucht, Objekte in Klassen zu abstrahieren. Durch das Geheimnisprinzip können die Attribute eines Objektes und die Realisierung der Operationen außerhalb der Klasse verborgen werden. Das Prinzip der Kapselung gibt an, daß zusammengehörende Attribute und Operationen in einer Klasse verkapselt sind. Die Attribute und die Realisierung der Operationen können hierbei durchaus nach außen sichtbar sein.[62]

Eine Klasse bildet sich aus einer Menge von Objekten gleichen Typs. In der Klasse sind die gleichen Attribute und die Operationen für alle Objekte dieses Typs enthalten. Dadurch werden die Eigenschaften und das Verhalten von allen Objekten der Klasse definiert. Durch eine Klasse können beliebig

---

[61] Vgl. Geppert, Andreas: Objektorientierte Datenbanksysteme, Heidelberg 1997, S. 6 und Balzert, Heide: Methoden der objektorientierten Systemanalyse, 2. Aufl., Heidelberg u.a. 1996, S. 31f.

[62] Vgl. Balzert, Heide, a.a.O., S. 33.

viele Instanzen geschaffen werden. Eine Instanz ist identisch mit einem Objekt.[63]

Die Daten oder Eigenschaften einer Klasse werden von ihren Attributen beschrieben. Die Objekte einer Klasse haben die gleichen Attribute, aber mit unterschiedlichen Attributwerten. Attribute, die ein eindeutiges Identifizieren der Objekte innerhalb einer Klasse ermöglichen, werden als Schlüsselattribute bezeichnet. Zudem gibt es auch Klassenattribute, die die Eigenschaften einer Klasse beschreiben.[64]

Die Funktionalitäten eines Objekts werden durch die Operationen beschrieben. Eine Operation ist eine ausführbare Tätigkeit, die mit anderen Objekten über Ein- und Ausgabeparameter kommunizieren kann. Die Objekte einer Klasse benutzen die gleichen Operationen. Alle Operationen zusammen werden als das Verhalten einer Klasse bezeichnet. Eine Klassenoperation ist eine der Klasse zugeordnete Operation.[65]

Eine wichtige Komponente ist schließlich der Polymorphismus. Durch diesen kann dieselbe Botschaft an Objekte verschiedener Klassen gesendet werden, die dann auf ihre individuelle Art auf diese Botschaft reagieren können. Der Sender einer Nachricht muß nicht wissen, zu welcher Klasse das empfangende Objekt gehört.[66]

Im statischen Modell werden die Systemstruktur, die Objekte und Klassen sowie die Beziehungen zwischen ihnen mit den Restriktionen beschrieben. Die Restriktionen Vererbung, Assoziation, Aggregation und Subsystem müssen hierbei beachtet werden.[67]

Unter Vererbung wird das Verfügen über die Eigenschaften und das Verhalten einer übergeordneten Klasse (Oberklasse) von einer untergeordneten Klasse (Unterklasse) verstanden. Eine Unterklasse verfügt neben den eigenen Attributen und Operationen auch über die der Oberklasse. Die geerbten Eigenschaften und das geerbte Verhalten kann zudem redefiniert werden,

[63] Vgl. Dittrich, Klaus R. und Geppert, Andreas: Objektorientierte Datenbanksysteme - Stand der Technik, in: HMD, 32. Jg. (1995), Heft 183, S. 10 und Heuer, Andreas: Objektorientierte Datenbanken, Bonn u.a. 1992, S. 196ff.

[64] Vgl. Shlaer, Sally: Objektorientierte Systemanalyse, München u.a. 1996, S. 27ff. und Rumbaugh, James u.a., a.a.O., S. 30f.

[65] Vgl. Vetter, Max: Objektmodellierung, Stuttgart 1995, S. 163ff. und Balzert, Heide, a.a.O., S. 53ff.

[66] Vgl. Dokupil, Jörg: Objektorientierte Systemgestaltung, Diss. Univ. Köln 1995, Bergisch-Gladbach u.a. 1996, S. 28ff. und Kieß, Jan U., a.a.O., S. 28f.

[67] Vgl. Balzert, Heide, a.a.O., S. 29.

d.h., die Unterklasse enthält ein Attribut oder eine Operation gleichen Namens. Es werden auch die Begriffe Klassenhierarchie oder Vererbungsstruktur verwendet. Je nach Anzahl der übergeordneten Klassen wird die Einfachvererbung und die Mehrfachvererbung unterschieden.[68]

Eine Assoziation formt Beziehungen zwischen Objekten von Klassen des gleichen Rangs oder innerhalb derselben Klasse. Es werden keine Beziehungen zwischen den Klassen modelliert. Die Assoziation entspricht in etwa den Relationships im ERM. Ob sich ein Objekt auf ein oder mehrere andere Objekte bezieht oder umgekehrt, wird durch die bereits erläuterten Kardinalitäten ausgedrückt.[69]

Die Aggregation beschreibt eine gerichtete Assoziation zwischen zwei Objekten. Es handelt sich hierbei um einen Sonderfall der Assoziation der bei Objekten der beteiligten Klassen besteht, bei denen eine Rangordnung festgelegt ist. Die Rangordnung wird durch „ist Teil von" oder „besteht aus" beschrieben. Ein Objekt repräsentiert hierbei „das Ganze" (Aggregat-Objekt) und die Teil-Objekte einen Teil davon. Die Teil-Objekte können von der Existenz des Aggregat-Objekts abhängen oder unabhängig davon sein.[70]

Unter einem Subsystem wird eine logische Einheit verstanden, die den Betrachter durch das Modell führen soll, einen in sich abgeschlossenen und verständlichen Themenbereich enthält und aus Klassen besteht, durch die logisch zusammengehörende Eigenschaften beschrieben werden. Das Subsystem setzt sich aus Klassen und anderen Subsystemen zusammen. Die Klassen sollen durch das Subsystem sinnvoll gruppiert und die Systemstruktur auf hoher Abstraktionsebene beschrieben werden.[71]

Nachdem dieses Kapitel die beiden Datenmodelle und die dazugehörigen Modellierungsmethoden erläutert hat, werden im folgenden dritten Kapitel Kriterien für den Vergleich der beiden Modelle aufgestellt und ausgewählt.

---

[68] Vgl. Haggenmüller, Rudolf und Kazmeier, Jürgen: Objektorientiertes Modellieren, in: Objektorientierte Systementwicklung, Hrsg.: Held, Gerhard, Berlin u.a. 1991, S. 8f. und Kemper, Alfons und Moerkotte, Guido: Basiskonzepte objektorientierter Datenbanksysteme, in: Informatik Spektrum, Bd. 16 (1993), S. 73ff.
[69] Vgl. Rumbaugh, James u.a., a.a.O., S. 54ff. und Balzert, Heide, a.a.O., S. 74ff.
[70] Vgl. Rumbaugh, James u.a., a.a.O., S. 72ff. und Balzert, Heide, a.a.O., S. 84f.
[71] Vgl. Balzert, Heide, a.a.O., S. 90.

3. Auswahl von Vergleichskriterien für Datenbanken

Da Datenmodelle Auswirkungen auf das ganze Datenbanksystem haben, werden in diesem Kapitel auch Kriterien für den Vergleich der ganzen Datenbank aufgeführt. Es existiert eine Vielzahl von unstrukturierten Vergleichskriterien in der Literatur. Um dem Leser die Möglichkeit eines systematischen Überblicks zu geben, wurde eine Gruppierung in innere und äußere Kriterien vorgenommen. Die beiden Kategorien unterteilen sich weiter in insgesamt fünf Gruppen. Am Ende des Kapitels wird die Anwendbarkeit der Kriterien für diese Untersuchung erörtert.

Die Aufgabe einer Datenbank ist nach P. C. Lockemann und K. R. Dittrich einfach: „Daten entgegenzunehmen, zu speichern, zu verwalten und auf Anforderung hin bereitzustellen."[72]

3.1 Innere Kriterien

Die inneren Kriterien werden nochmals in Kriterien für den Datenbankentwurf, den Umgang mit den Daten und die Verwaltung der Daten gegliedert.

3.1.1 Kriterien für den Datenbankentwurf

Eine Grundforderung an eine Datenbank ist die Bereitstellung von Daten, die möglichst genau mit den Tatsachen der realen Welt übereinstimmen. Deshalb ist die „richtige" Abbildung der Objekte und Zusammenhänge der realen Welt im konzeptionellen Modell entscheidend und die Grundlage für die Verläßlichkeit einer Datenbank. Die *Modellierungsmöglichkeiten* einer Datenbank haben hierbei einen großen Einfluß. Klare übersichtliche Modelle mit vielen Modellierungsmöglichkeiten und benutzerfreundlichen Werkzeugen verringern die Fehlerhäufigkeit. Ähnlich verhält es sich bei der Benutzung der Datenbank, z. B. bei der Formulierung von Anfragen.[73]

Ein akzeptabler Zugriff auf die umfassende Struktur von Medienobjekten wird durch die Einführung neuer Datentypen realisiert. *Neue Datentypen* wirken sich strukturell auf die Datenstrukturen und operational auf die Operationen eines bestehenden Datenmodell aus. Das System muß offen

---

[72] Lockemann, Peter C. und Dittrich, Klaus R.: Architektur von Datenbanksystemen, in: Datenbank-Handbuch, Hrsg.: Lockemann, Peter C. und Schmidt, Joachim W., Berlin u.a. 1987, S. 88.

[73] Vgl. Vinek, Günther u.a., a.a.O., S. 269.

ausgelegt sein, um diese Anforderungen erfüllen zu können. Die *Erweiter-barkeit* drückt die Leichtigkeit aus, mit der ein System bei neuen Anforderungen anzupassen ist.[74] Sind Datenmodelle in ihrer Architektur einfach gehalten, lassen sie sich besser ändern. Ein modularer Aufbau ist ebenfalls von Vorteil, denn bei Änderungen ist nicht gleich das ganze, teilweise kaum noch zu überschauende Modell betroffen, sondern nur das entsprechend begrenzte Modul. Die Erweiterbarkeit ist hinsichtlich der neuen Medientypen von großer Relevanz.[75] Immer mehr neue Datenformate, wie Videosequenzen oder Sprache, müssen in die Datenbanken integriert werden.

Mittels der Datenmodelle sind Beziehungen zwischen den Medienobjekten darzustellen, um sie in Anfragen zu nutzen. Dies wird als *beziehungserhaltende Datenverwaltung* bezeichnet. Es werden Attributbeziehungen, Komponentenbeziehungen, Substitutionsbeziehungen und Synchronisationsbeziehungen unterschieden.[76]

Mittels *Datenbankentwurfstechniken* werden bestimmte Anwendungsstrukturen in ein Datenbankschema überführt. Bei den Techniken handelt es sich um Faustregeln, Methoden und Algorithmen. Die daraus resultierende Darstellung im Datenbankschema sollte die strukturellen und semantischen Informationen des Anwendungsgebietes umfassend darstellen und die benötigten Operationen des Modells unterstützen, damit sie möglichst schnell und effizient ausführbar sind sowie bei der Überprüfung der Korrektheit des Datenbankinhaltes Hilfestellung leisten können.[77]

3.1.2 Kriterien für den Umgang mit den Daten

Such- und Zugriffsoperationen haben über eine annehmbare *Effizienz* zu verfügen. Auf Textbasis sind mächtige Operationen mit akzeptablen Antwortzeiten anzubieten.[78]

Die *Anfragesprachen* sollten neben einer theoretischen Mächtigkeit und Vollständigkeit auch über praktische Verwendbarkeit verfügen.[79]

---

[74] Vgl. Meyer, Bertrand: Objektorientierte Softwareentwicklung, München u.a. 1990, S. 4.
[75] Vgl. Meyer-Wegener, Klaus: Multimedia-Datenbanken, Stuttgart u.a. 1991, S. 198.
[76] Vgl. Meyer-Wegener, Klaus: Database Management for Multimedia Applications, in: Multimedia, Hrsg.: Encarnacao, José Luis und Foley, James D., Berlin u.a. 1994, S. 108f.
[77] Vgl. Heuer, Andreas: Objektorientierte Datenbanken, a.a.O., S. 89f.
[78] Vgl. Stegemann, Gerhard: Datenbanksysteme, Braunschweig u.a. 1993, S. 6.
[79] Vgl. Heuer, Andreas: Objektorientierte Datenbanken, a.a.O., S. 110.

Für multimediale Daten sind deskriptive, *inhaltsorientierte Suchverfahren* notwendig, die Suchverfahren für alle Medientypen bereitstellen. Die bisherigen textorientierten Suchverfahren sind bei Audiodaten und Bildern nicht mehr anwendbar. Wegen des Datenvolumens ist die benötigte Zeit bei der Mustererkennung inakzeptabel. Deshalb ist eine inhaltsorientierte Suche notwendig, die sich auf Datenstrukturen und in unterschiedlichen Herangehensweisen niederschlägt.[80]

Die gespeicherten Daten in einer Datenbank sind mit verschiedenen *Operationen* wie dem Einfügen (engl.: insert), dem Ändern (engl.: update), dem Löschen (engl.: delete) oder dem Auffinden (engl.: retrieve) zu manipulieren und zu bearbeiten. Eine konsistente, den Integritätsbedingungen entsprechende Datenbank ist bei Erneuerungen auch wieder in eine konsistente Datenbank zu überführen.[81]

Bei den Datenmodellen handelt es sich zudem um eine konzeptionelle Darstellung der Daten. In Wirklichkeit sind die Daten auf externen Speichern in Byte-Form untergebracht. Mittels unterschiedlicher Dateiorganisationsformen und *Zugriffspfaden* kann der Zugriff auf die Informationen beschleunigt werden.[82]

3.1.3 Kriterien für die Verwaltung der Daten

Änderungen auf der internen Ebene, der Datenspeicherung, der Datenorganisation oder Zugriffsmethode sollten keine Konsequenzen für die Anwendungen oder die Benutzer haben. Dies gilt auch für Änderungen auf der konzeptionellen Ebene wie z. B. bei einer Erweiterung des Datenmodells. Dies ist die Forderung nach *Datenunabhängigkeit*.[83]

Nach der Forderung der *Datenintegrität* bzw. der Korrektheit der Daten dürfen die Daten sich nur in den vorher spezifizierten Grenzen bewegen. Unter Korrektheit wird die Fähigkeit verstanden, definierte Anforderungen und Spezifikationen exakt zu erfüllen.[84] Das System hat seine Komponenten auch gegen unberechtigte Zugriffe und Veränderungen zu schützen. So

---

[80] Vgl. Steinmetz, Ralf: Multimedia-Technologie, 1. korr. Nachdruck, Berlin u.a. 1995, S. 330.
[81] Vgl. Heuer, Andreas: Objektorientierte Datenbanken, a.a.O., S. 127ff. und Stegemann, Gerhard, a.a.O., S. 5.
[82] Vgl. Heuer, Andreas: Objektorientierte Datenbanken, a.a.O., S. 135.
[83] Vgl. Stegemann, Gerhard, a.a.O., S. 4.

führen von Benutzern durch Unwissenheit oder Ungenauigkeit verursachte semantische Fehler in den Daten zu einer Verletzung der Datenintegrität.[85] Die Datenintegrität läßt sich in drei Teile (Datenkonsistenz, Datensicherheit und Datenschutz) aufteilen.[86] Die *Datenkonsistenz* beschreibt die angestrebte Widerspruchsfreiheit der Daten. Durch die *Datensicherheit* oder die Datensicherung ist eine Zerstörung oder Verfälschung der Daten, die z. B. durch fehlerhafte Software, Hardware oder Benutzung entsteht, zu verhindern. Die *Datenpersistenz* beschreibt die Dauerhaftigkeit von Daten, die sicherzustellen ist. Daten sollten hierbei auch über die Laufzeit einer Anwendung hinaus existent sein, ein Datenverlust darf nicht auftreten. Sind trotzdem bei einer fehlerhaften oder unvollständigen Transaktion, z. B. eines Auftrages oder Programmes, Daten zerstört oder verändert worden, hat eine Wiederherstellung (engl.: recovery) des korrekten Datenzustandes zu erfolgen. Beim *Datenschutz* werden mittels Zugriffsrechten die Abfragemöglichkeiten, die Eingabe- oder Änderungsmöglichkeiten von bestimmten Daten eingeschränkt, um die Daten zu schützen.[87]

Die Forderung nach *Redundanzarmut* bezeichnet die unterbundene Mehrfachspeicherung von Daten. Es sind allerdings vorübergehende Kopien als Datensicherung oder aus Effizienzgründen zulässig. Die *Datenneutralität* fordert die gleichberechtigte Verfügungstellung der Daten für alle Anwendungen; es darf keine Benachteiligungen geben. Durch die zentrale Speicherung der Daten können neue Auswertungen ohne eine Erweiterung oder Änderung der Datenbank durchgeführt werden. Es ist schließlich zu gewährleisten, daß für die Benutzer nur die für sie angepaßten Teile der Daten einsehbar sind.[88]

Im nächsten Abschnitt werden äußere Kriterien für den Vergleich von Datenbanken vorgestellt.

3.2 Äußere Kriterien

---

[84]   Vgl. Meyer, Bertrand, a.a.O., S. 3.
[85]   Vgl. Vinek, Günther u.a., a.a.O., S. 270.
[86]   Vgl. Stegemann, Gerhard, a.a.O., S. 4.
[87]   Vgl. Reuter, Andreas: Maßnahmen zur Wahrung von Sicherheits- und Integritätsbedingungen, in: Datenbank-Handbuch, Hrsg.: Lockemann, Peter C. und Schmidt, Joachim W., Berlin u.a. 1987, S. 340ff. und Vinek, Günther u.a., a.a.O., S. 270.

Die äußeren Kriterien betrachten die Datenbank als Ganzes sowie das Um-feld der Datenbank.

3.2.1 Kriterien für die vollständige Datenbank

Die *Vollständigkeit* eines Systems bezieht sich auf die Unterstützung und Sicherung der Leistungsfähigkeit, Zuverlässigkeit, des Komforts und der universellen Anwendbarkeit sowie den vorhandenen Dienst- und Hilfsprogrammen.

Die *Effizienz* bezeichnet die ökonomische Nutzung von Hardware-Ressourcen wie Prozessoren, internen und externen Speichern oder Kommunikationsgeräten.[89]

Bei der Übertragung kontinuierlicher Mediendaten sind zeitliche Restriktionen mit der Unterstützung des Betriebssystems einzuhalten. Dieses wird mit dem Begriff *echtzeitunterstützender Datentransfer* beschrieben.[90]

Eine *geringe Belastung von Prozessor und Speicher* ist für einen echtzeitunterstützenden Dateitransfer, aber auch für einfache Abfragen wünschenswert, damit so die Antwortzeiten gesenkt werden. Die Datenbanksysteme sollten in der Lage sein, die gespeicherten Daten selber zu komprimieren und dadurch Speicherplatz zu sparen.

Die *Leistungsfähigkeit* eines Systems wird von der Geschwindigkeit der Transaktionen und Prozesse bestimmt. Deshalb hat das System über möglichst kurze Antwortzeiten zu verfügen. Dies hängt wiederum von der Belastung der Prozessoren und Speicher ab.

Bedienerfreundlichkeit drückt die Leichtigkeit aus, mit der ein Benutzer ein System bedienen kann.[91] Das System hat die Funktionen des Bedieners weitestgehend zu unterstützen, zu erleichtern und den Bediener auf Feh-ler hinzuweisen. Dies umfaßt das Erlernen der Bereitstellung von Eingabedaten, der Auswertung von Ergebnissen und das Weiterarbeiten nach Bedienungsfehlern. Der *Komfort* und die *Verständlichkeit* eines Systems sind von der Benutzeroberfläche, der Benutzerführung, dem Funktionsvorrat und

[88] Vgl. Stegemann, Gerhard, a.a.O., S. 4f.
[89] Vgl. Meyer, Bertrand, a.a.O., S. 6.
[90] Vgl. Steinmetz, Ralf, a.a.O., S. 332.
[91] Vgl. Meyer, Bertrand, a.a.O., S. 6.

den Hilfsprogrammen abhängig. Unvermeidlich sind erklärende, leicht lesba-re Dokumentationen.

Unter *Robustheit* wird die Fähigkeit des Datenbanksystems verstanden, auch bei ungewöhnlichen Bedingungen zu funktionieren. Hiermit sind Ausnahmefälle gemeint, Fälle, die nicht vorgesehen waren und auf die das System nicht vorbereitet ist. In einem solchen Fall sollte das System keine katastrophalen Ereignisse auslösen, sondern die Vorgänge ordentlich beenden.[92]

Die *Zuverlässigkeit* eines Systems beschreibt die Robustheit und Korrektheit zusammen[93] oder auch die Fähigkeit eines Systems, die Funktionen zur Erledigung einer Aufgabe mit einer bestimmten Wahrscheinlichkeit durchzuführen. Die Zuverlässigkeit ist ein Ausdruck für die Vermeidung von Fehlern durch falsches Funktionieren von Systemkomponenten.[94]

Die *Verfügbarkeit* drückt die durchschnittliche Zeitspanne aus, in der ein System Funktionen fehlerfrei durchführt. Die Verfügbarkeit wird folgendermaßen ausgedrückt: $V = MTBF^{95} / MTBF + MTTR^{96}$

Zuverlässigkeit und Verfügbarkeit eines Systems hängen von der *Fehlerrate* ab.

Die *Kompatibilität* bezeichnet die Leichtigkeit mit der Softwaresysteme mit anderen verbunden werden.[97] Sie ist sehr wichtig, da die Systeme oft mit anderen kommunizieren müssen. Gerade Datenbanken sind auf die Kommunikation mit anderen Anwendungsprogrammen angewiesen, da die Daten in der Datenbank meist nur begrenzt genutzt werden können. Erreicht wird die Kompatibilität durch einheitliche Entwürfe und anerkannte Standards.

Die *Portabilität* bezeichnet die Leichtigkeit mit der Softwareprodukte auf andere Hardware- oder Softwareplattformen übertragen werden.[98]

Beim *Mehrbenutzerbetrieb* ist eine Koordination von simultanen Zugriffen mehrerer Benutzer bzw. Anwendungen mittels des Transaktionskonzeptes erforderlich. Die Unabhängigkeit von Datenbanken vom Anwendungsprozeß

---

[92] Vgl. Meyer, Bertrand, a.a.O., S. 3f.
[93] Vgl. Meyer, Bertrand, a.a.O., S. 4.
[94] Vgl. Vinek, Günther u.a., a.a.O., S. 270.
[95] MTBF = Mean Time Between Failure, mittlere Zeitspanne zwischen zwei aufeinanderfolgenden Fehlern.
[96] MTTR = Mean Tine To Repair, mittlere Zeitspanne bis zur Wiederinbetriebnahme bei nötiger Reparatur.
[97] Vgl. Meyer, Bertrand, a.a.O., S. 5.

ist grundsätzlich sicherzustellen. Eine Mehrbenutzerfähigkeit zeichnet sich durch Reservierungsmöglichkeiten für Strukturen und Zugriffsarten aus. Die Zugriffe müssen atomar, konsistenzerhaltend, isoliert und dauerhaft sein, dem Datenbankprinzip der Transaktion entsprechen.[99] Die Datenbank muß schließlich über einen *einstellbaren Abstraktionsgrad* verfügen. Neue geräte- und formatunabhängige Schnittstellen, die über mehrere Abstraktionsebenen reichen, sind notwendig, damit auch bei den zukünftigen Datenformaten, Komprimierungsverfahren und Speichertechnologien eine Datenunabhängigkeit sichergestellt ist. Bei Bedarf muß zudem ein Zugriff auf Details der Formatierung und des Gerätezugriffs möglich sein.[100]

3.2.2 Kriterien für das Umfeld der Datenbank

Eine genaue Betrachtung des *Softwareangebot* auf dem Markt ist notwendig. Systeme werden meist von einer Vielzahl von Herstellern in unterschiedlichsten Variationen angeboten. Mittels der Beurteilung von gestellten Anforderungen, der Korrektheit der Auftragsausführung, der Wartungsfreundlichkeit, der Benutzerfreundlichkeit, der Verständlichkeit, der Testbarkeit, der Effizienz, der Anpassbarkeit, der Sicherheit und der Portabilität ist auch hier eine Selektion möglich.

Die *Dokumentation* eines Systems läßt sich in eine innere und äußere Dokumentation unterscheiden. Während die innere Dokumentation die visuellen Informationen beinhaltet, die während des Arbeitens mit dem System zur Verfügung gestellt werden, handelt es sich bei der äußeren Dokumenta-tion üblicherweise um Handbücher. In den letzten Jahren ist allerdings eine Entwicklung zu sehen, nach der Handbücher zunehmend ersatzlos von CD-ROMS ersetzt werden. Die Qualität der Dokumentation wird von der Vollständigkeit und Verständlichkeit bestimmt. Die Gestaltung und die Form der Illustration ist ebenfalls relevant.

---

[98] Vgl. Meyer, Bertrand, a.a.O., S. 6.
[99] Vgl. Lockemann, Peter C. und Dittrich, Klaus R, a.a.O., S. 88ff. und Stegemann, Gerhard, a.a.O., S. 5.
[100] Vgl. Steinmetz, Ralf, a.a.O., S. 330.

Die Installation eines System kann durch benutzerfreundliche, selbsterklä-
rende Installationsroutinen per Selbstinstallation durchgeführt werden oder
durch Fachleute, was mit zusätzlichen Kosten verbunden ist.

Fortlaufende Informationen des Herstellers sind wünschenswert, um Pro-
duktinnovationen, Mängelbeseitigungen und neue Versionsstände zu ver-
folgen.

Weiterhin ist das *Unterstützungsangebot* des Herstellers genauso wie die
Serviceleistungen zu betrachten. So können kostenlose Verbesserungen
bereitgestellt werden, eine telefonische Beratung verfügbar sein und vieles
mehr. Hierbei gibt es große Unterschiede im Leistungsangebot der einzelnen Hersteller.

Im Mittelpunkt der Betrachtung steht häufig der *Preis* für das eigentliche
Datenbanksystem. Aufgrund der kurzen Innovationszyklen schwanken die
Preise stark am Markt. Durch die Ermittlung von günstigen Beschaffungs-
zeitpunkten können finanzielle Mittel eingespart werden.

Zu berücksichtigen sind auch weitere *Kosten* wie andere Softwarekosten,
Hardwarekosten, Schulungskosten, personelle Betreuungskosten, laufende
Kosten und verborgene Kosten.

Bei den Softwarekosten ist zu berücksichtigen, daß für ein Datenbanksystem
ein vollständiges EDV-System vorhanden sein muß, das ein Betriebssystem,
Anwendersoftware, Wartungssoftware und Prüfsoftware umfaßt.

Das EDV-System beinhaltet auch die notwendige Hardware, die die eigentlichen Rechner, Peripheriegeräte und das Netzwerk umschließt. Für die
Speicherung von Daten sind ggfs. sehr umfangreiche Speichermedien notwendig, deren Anschaffung mit erheblichen Kosten verbunden ist.

Verborgene Kosten werden durch das unzureichende Fachwissen der
Beteiligten und deren Versuch, Probleme selber zu lösen, verursacht.[101]
Falsches Management und falsche Zeitvorgaben treiben die Ausgaben
zudem in die Höhe. Schulungskosten fallen an, wenn neue Systeme eingeführt oder auch bestehende ausgebaut werden und auf das vorhandene
Personal zurückgegriffen wird, man also von Neueinstellungen absieht. Zu
differenzieren ist hierbei, ob die Schulungen intern oder extern durchgeführt
werden. Zu den personellen Betreuungskosten zählen Kosten, die durch

[101] Vgl. Michels, Jochen K.: Äpfel mit Birnen, in: Computing (1995), Heft 3, S. 72.

Mitarbeiter verursacht werden, die für die Betreuung der Systemressourcen zuständig sind. Die laufenden Kosten unterteilen sich schließlich in Strom-kosten, Wartungs- und Reparaturkosten, Kosten für Erneuerungen, DFÜ-Kosten und kostenpflichtige telefonische Beratung. *Zukunftsaussichten* beschreiben die Aussicht auf Weiterentwicklung und Kompatibilität. Die Verfügbarkeit von Reparaturdiensten und Ersatzteilen ist hierbei zu beachten.

Die *Verbreitung* eines System sagt ebenfalls etwas über die Resonanz des Marktes aus. Ein Produkt, das viele Male verkauft wurde, verfügt über Marktakzeptanz und ist meist relativ fehlerfrei, da es von vielen Anwendern „getestet" wurde.

Zudem muß sichergestellt sein, daß das System auch in Zukunft weiter existieren wird. Hierdurch können Service und Innovation für das System sichergestellt werden. Die Situation des Herstellers ist zu betrachten, denn dieser kann von Konkurs oder Übernahme bedroht sein.

Nachdem in den letzten Abschnitten viele Kriterien benannt wurden, wird im folgenden Abschnitt die Anwendbarkeit betrachtet und eine Auswahl für den Vergleich von Datenmodellen vorgenommen.

3.3 Anwendbarkeit und Auswahl von Kriterien für den Vergleich von Datenmodellen

Wie gezeigt wurde, gibt es eine Vielzahl von Kriterien für den Vergleich von Datenbanken, die sich auf unterschiedliche Aspekte beziehen. Grundsätzlich ist anzumerken, daß sich nicht alle Kriterien miteinander vertragen. So wird die Datensicherheit bspw. durch den Aufbau von Barrieren und Schutzmechanismen erreicht. Dies widerspricht aber der Benutzerfreundlichkeit. Die Offenheit eines Systems widerspricht zudem der Effizienz. Denn ein System wird um so effizienter, je mehr es an die speziellen Gegebenheiten einer Hardwareplattform angepaßt wird. Diese Spezialisierung auf eine Hardwareplattform führt zu einer Unverträglichkeit mit anderen Hardwareplattformen. Widersprüchliche Kriterien müssen gegeneinander abgewogen werden, damit das Ziel einer sinnvollen Beurteilung auch erreicht wird.

Wie bereits erwähnt, hat die Auswahl des Datenmodells Auswirkungen hinsichtlich des einsetzbaren Datenbanksystems. Die Wahl eines Objektmodells zur Datenmodellierung zieht z. B. eine objektorientierte Datenbank mit all ihren Aspekten nach sich. Insofern ist es sinnvoll, alle Kriterien in den Vergleich mit einzubeziehen. Dies ist allerdings mit dieser Untersuchung nicht zu leisten, da es den vorgegebenen Rahmen überschreiten würde. Deshalb wird sich der Vergleich auf die Kriterien beschränken, die noch in einem erkennbaren Zusammenhang mit der Auswahl des Datenmodells stehen. Es werden solche Kriterien außer acht gelassen, deren Zusammenhang mit dem Datenmodell kaum noch herzuleiten ist.

Die inneren Kriterien sind auf die eigentlichen Datenmodelle teilweise direkt anzuwenden. An erster Stelle stehen hierbei die Kriterien für den Datenbankentwurf, denn dieser geschieht mittels der Modellierungsmethoden der Datenmodelle. Der Zusammenhang zwischen den Kriterien und dem Datenmodell wird bei den Kriterien für den Umgang und der Verwaltung der Daten schwächer, ist aber bspw. bei den Abfragesprachen noch unmittelbar gegeben. Die äußeren Kriterien vergleichen schließlich Aspekte, die kaum noch oder gar nicht mehr mit der Auswahl des Datenmodells zusammenhängen wie z. B. die telefonische Beratung des Herstellers. Deshalb werden Kriterien für die vollständige Datenbank nur kurz und die Kriterien für das Umfeld der Datenbank gar keine Beachtung mehr im Vergleich finden.

Abb. 12: Kriterien für den Vergleich von Datenmodellen

Entworfen und gezeichnet: Bedey, Björn.

Im Kern der Untersuchung stehen die Vergleichskriterien für den Datenbankentwurf. Die Kriterien für den Umgang mit den Daten, für die Verwaltung der Daten und für die vollständige Datenbank werden zum Teil betrachtet und die Kriterien für das Umfeld der Datenbank ganz außer acht gelassen, da ein Zusammenhang mit den Datenmodellen kaum noch herzustellen ist.

Nachdem in diesem Kapitel die Vergleichskriterien für die Auswirkungen des Einsatzes der beiden Datenmodelle erörtert wurden, werden die spezifischen Rahmenbedingungen der Produktentwicklung und der hierfür relevanten Daten betrachtet, bevor der eigentliche Vergleich erfolgt.

4. Darstellung der Produktentwicklung und der hierfür benötigten Daten

In diesem Kapitel wird die Produktentwicklung beschrieben und im besonderen auf die Daten der Produktentwicklung eingegangen. Nach der Darstellung der grundsätzlichen Bedeutung der Produktentwicklung wird die arbeitsteilige und simultane Produktentwicklung erläutert und der zukunftsweisende „Standard of the Exchange of Product Data" (STEP) für die Produktentwicklung vorgestellt. Mit diesen Grundkenntnissen können die Zusammensetzung und Struktur der Daten für die Produktentwicklung betrachtet und schließlich die Datenmodellanforderungen spezifiziert werden.

4.1 Bedeutung der Produktentwicklung

Es ist sinnvoll, bereits bei der Produktentwicklung den gesamten Produktlebenszyklus zu betrachten. Entwurfsentscheidungen haben Auswirkungen auf nachfolgende Entwicklungs- und Verwertungsstufen. Die Kosten einer Produktkorrektur sind um so höher, je später sie entdeckt werden.[102] Die Konstruktion soll bereits Auswirkungen auf die Fertigung, bspw. hinsichtlich der vorhandenen Werkzeuge, berücksichtigen. Die Qualitätsanforderungen müssen so bestimmt werden, daß eine spätere Kontrolle auch möglich ist. Durch die Anforderungen an das Material und das Fertigungsverfahren werden die Kosten determiniert. Es werden zudem die Nutzungseigenschaften, die Reparatureignung und auch die Recyclefähigkeit festgelegt.[103]

---

[102] Vgl. Bullinger, Hans-Jörg: Forschungs- und Entwicklungsmanagement in der deutschen Industrie, in: Simultane Produktentwicklung, Hrsg.: Scheer, August-Wilhelm, München 1992, S. 25.
[103] Vgl. Scheer, August-Wilhelm: Wirtschaftsinformatik, a.a.O., S. 538f.

Abb. 13: Einflüsse auf die Produktentwicklung

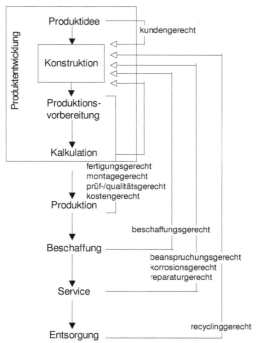

Entworfen und gezeichnet: Bedey, Björn, in Anlehnung an: Scheer, August-Wilhelm: Wirtschaftsinformatik, 6. Aufl., Berlin u.a., S. 539.

4.2 Problematik der arbeitsteiligen Produktentwicklung

Der Ablauf des Produktentwicklungsprozesses kann weitgehend sequentiell organisiert werden. In den Vorgang sind verschiedene Abteilungen eingebunden. Dies führt zu langen Übertragungs- und Einarbeitungszeiten des Ablaufs. Die unterschiedlichen Beschreibungssichten der Organisationseinheiten führen zu eigenständigen Datenbasen, die auf unterschiedlichen Anwendungssystemen und Hardwareplattformen realisiert sind.[104]

Die Geometriebeschreibungen für die Produkte werden in Datenbasen von Computer Aided Design (CAD)-Systemen gespeichert, während Stücklisten und Arbeitspläne Bestandteile der Produktionsplanungs- und Steuerungs-

---

[104] Vgl. Dieterle, Andreas: Recyclingintegrierte Produktentwicklung, Diss. TU München 1995, Berlin u.a. 1995, S. 20f. und Scheer, August-Wilhelm: Wirtschaftsinformatik, a.a.O., S. 540.

systems (PPS) sind. Dies zeigt deutlich die eingeengte Sichtweise der Datenorganisation. Die Stücklisten und Arbeitspläne werden durch die Konstruktion weitergegeben, wenn das Produkt fertig ist, da die Produktionsplanung und -steuerung sich mit der Disposition fertiger Produkte beschäftigt. Die Produktkalkulation kann dadurch erst nach Abschluß der Produktentwicklung durchgeführt werden, da hierfür auch die Stücklisten und Arbeitspläne erforderlich sind. Die Kalkulation kann die Entscheidungen der Konstruktion nicht beeinflussen, obwohl hier ein großer Teil der Kosten bestimmt wird. Werden die Produkte später als zu kostenintensiv erkannt, müssen sie in einem aufwendigen Änderungszyklus korrigiert werden.[105]

Abb. 14: Arbeitsteilige Produktentwicklung

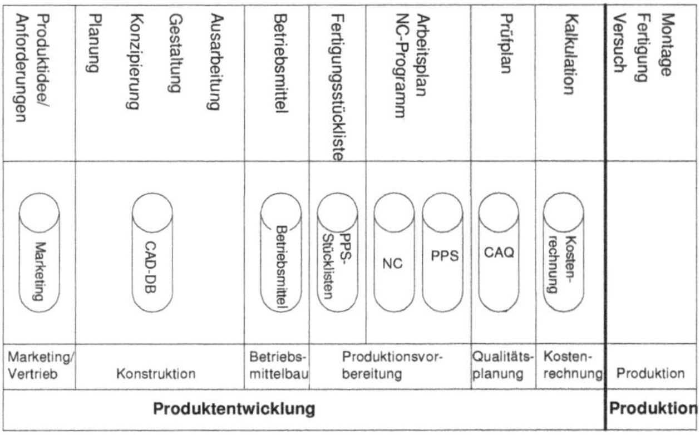

Produktidee/ Anforderungen	Planung	Konzipierung	Gestaltung	Ausarbeitung	Betriebsmittel	Fertigungsstückliste	Arbeitsplan NC-Programm	Prüfplan	Kalkulation	Montage Fertigung Versuch
Marketing		CAD-DB			Betriebsmittel	PPS-Stücklisten	NC / PPS	CAQ	Kosten-rechnung	
Marketing/ Vertrieb		Konstruktion			Betriebs-mittelbau	Produktionsvor-bereitung		Qualitäts-planung	Kosten-rechnung	Produktion

Produktentwicklung	Produktion

Entworfen und gezeichnet: Bedey, Björn, in Anlehnung an Scheer, August-Wilhelm: Wirtschaftsinformatik, 6. Aufl., Berlin u.a. 1995, S. 540.

4.3 Vorgehen der simultanen Produktentwicklung

Eine wichtige Forderung an die Produktentwicklung waren möglichst kurze Entwicklungszeiten. Um dieses erreichen zu können, wird versucht, die einzelnen Phasen der Produktentwicklung zu parallelisieren.[106] Hierdurch können Übertragungszeiten unter den verschiedenen Abteilungen mini-miert und Korrektur- und Nacharbeitszyklen verhindert werden. Die simulta-ne

---

[105] Vgl. Scheer, August-Wilhelm: Wirtschaftsinformatik, a.a.O., S. 540f.
[106] Siehe zur Parallelisierung von Entwicklungsabläufen Eversheim, Walter u.a.: Kurze Produktentwicklungszeiten durch Nutzung unsicherer Informationen, in: it+ti, 37. Jg. (1995), Heft 5, S. 47-53.

Produktentwicklung zeichnet sich durch teilparalleles Arbeiten, Nutzung
von unvollständigen und unsicheren Informationen, stärkerer Teamorientie-
rung, Kundenorientierung und einer gesamtheitlichen Sicht auf den Produktentwicklungsprozeß aus. Für die simultane Produktentwicklung sind auch die
Begriffe „Simultaneous Engineering" und „Concurrent Engineering" gebräuchlich.[107]

Anfangs wird bspw. ein Arbeitsplan nur die Zuordnung zu einem bestimmten
Werk enthalten, welches aber die Technologie und einen Kostenrahmen
festlegt. Im weiteren Verlauf steigt der Detaillierungsgrad permanent an, bis
schließlich die Arbeitspläne, Arbeitsgänge, Reihenfolgen usw. festgelegt
sind.[108]

Abb. 15: Simultane Produktentwicklung

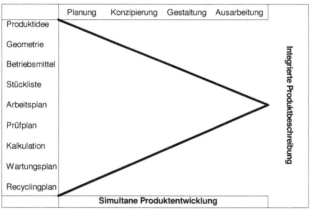

Entworfen und gezeichnet: Bedey, Björn, in Anlehnung an: Scheer, August-Wilhelm:
Wirtschaftsinformatik, 6. Aufl., Berlin u.a. 1995, S. 541.

Bei der simultanen Produktentwicklung müssen ständig alle beteiligten
Organisationseinheiten über den aktuellen Stand der Produktentwicklung
verfügen. Die Beschreibungsdaten dürfen nicht mehr auf unterschiedli-chen
Systemen verteilt sein, die zudem erst bei unterschiedlichen Phasen der

---

[107] Vgl. Tegel, Oliver: Methodische Unterstützung beim Aufbau von Produktentwicklungs-
prozessen, Berlin 1996, S. 9f. und Scheer, August-Wilhelm: Wirtschaftsinformatik,
a.a.O., S. 539.
[108] Vgl. Tegel Oliver, a.a.O., S. 10 und Scheer, August-Wilhelm: Wirtschaftsinformatik,
a.a.O., S. 541.

Produktentwicklung ansetzen. Es muß eine einheitliche Produktdatenbe-
schreibungsbasis bestehen. Da am Prozeß der Produktentwicklung auch
externe Partner beteiligt sein können, sollten auch die Daten und Abläufe
unternehmensübergreifend organisiert werden.[109]

Durch die konsequente Nutzung der neuen Kommunikationsmöglichkeiten
über ISDN und Internet gewinnt die verteilte Produktentwicklung auch immer
mehr an Bedeutung. Hier wird die Produktentwicklung auf verschiedene
Standorte verteilt, die dann ganz im Sinne der simultanen Produktentwicklung gleichzeitig verschiedene Teilaufgaben übernehmen.[110]

Einen besonderen Weg geht die Methode des Quality Function Deployment
(QFD) im Sinne des Quality Engineering oder der Qualitätsentwicklung. Im
Vordergrund steht hierbei die kundenorientierte Qualität. Kundenbedürfnisse
und -forderungen werden erfaßt und für zukünftige Marktsituationen pro-
gnostiziert. In einem Transformationsprozeß werden sie dann in geeignete
Produkteigenschaften umgesetzt. In der herkömmlichen Art haben Entwick-
ler und Konstrukteure nach Erhalt des Konstruktionsauftrags relativ frei das
Produktkonzept entworfen. Mittels QFD wird nun in der Entwicklungsphase
die Umsetzung schematisiert und Qualitätsaspekte vorrangig behandelt. Es
werden systematische Ansätze zur schrittweisen Umsetzung von Kundenforderungen und -erwartungen in meßbare Produkt- und Prozeßparameter
beschrieben. Ausgangspunkt ist eine sorgfältige Strukturierung und Analyse
der registrierten Kundenwünsche. Im Mittelpunkt steht dann die Wirkungs-
analyse zwischen den technischen Produkteigenschaften und den daraus
resultierenden Erfüllungsgraden der kundenspezifischen Qualitätsmerkmale.
Mittels einer transparenten Dokumentation der Wirkungsketten zwischen
Kundenforderungen und Produkteigenschaften kann auch der Entwicklungs-
aufwand nachfolgender Produktgenerationen erheblich verringert werden.[111]

Den Problemen hinsichtlich der Kommunikation zwischen den verschiedenen Systemen der Produktentwicklung widmet sich die STEP. Da dieser

---

[109] Vgl. Scheer, August-Wilhelm: Wirtschaftsinformatik, a.a.O., S. 541.
[110] Siehe hierzu Krause, Frank-Lothar u.a.: Verteilte Produktentwicklung, in: Industrie
Management, 14. Jg. (1998), Heft 1, S. 14-18 und Krause, Frank-Lothar u.a.: Verteilte,
kooperative Produktentwicklung, in: ZWF, 91. Jg. (1996), Heft 4, S. 147-151.
[111] Vgl. Liesegang, Günter: Qualitätsentwicklung durch QFD, in: Liesegang, Günter (Hrsg.):
QFD, Landsberg 1992, S. IIIf.

Standard für die Produktentwicklung von zukunftsweisender Bedeutung ist, wird im nächsten Abschnitt kurz auf diesen eingegangen.

4.4 Darstellung von STEP

Die Kommunikationsfähigkeit von CAD-Systemen wird von der physischen und logischen Verfügbarkeit der Daten bestimmt. Alleine in der deutschen Automobilindustrie und den Zulieferern werden ungefähr 110 verschiedene CAD-Systeme verwendet,[112] was die Notwendigkeit der Normung verdeutlicht. Aufwendige manuelle Nachbearbeitungen der ausgetauschten Daten sind oft notwendig. Die neutrale Produktdatentechnologie will den gesamten Produktlebenszyklus erfassen, die Unternehmensintegration fördern, Daten dauerhaft verfügbar machen, Investitionen durch Migration unterstützen und eine Unabhängigkeit von Softwaresystemen erreichen, damit eine zweckorientierte Auswahl von Systemen möglich wird.[113]

Die bisher existierenden Normen decken lediglich einen sehr kleinen Teil ab. Im STEP (Standard of the Exchange of Product Data, ISO 10303) wer-den die zur Zeit leistungsfähigsten und umfangreichsten Produktdatenmo-delle beschrieben. Durch STEP wird die durchgängige Verfügbarkeit und Verarbeitung von Daten zwischen den Systemen der Produktentwicklung gesichert. Hierdurch können Zeit und Kosten eingespart werden, die wieder-um die Wirtschaftlichkeit und Wettbewerbsfähigkeit des Unternehmens fördern sowie Kooperationen mit anderen Unternehmen ermöglichen. Auf der Basis von STEP können Datenmodelle realisiert werden, um eine unter-nehmensweite Produktdatenbank aufzubauen. Die große Akzeptanz von STEP ist durch die Unterstützung von vielen Regierungen und der Industrie begründet.[114]

Zur STEP-Norm gehören neben der Definition von Austauschformaten eine verbindliche Entwurfsmethodik, Konformitätstests und die Datenmodel-

---

[112] Vgl. Holland, Martin und Machner, Bodo: Produktdatenmanagement auf der Basis von ISO 10303-STEP, in: CIM Management, 11. Jg. (1995), Heft 4, S. 32.

[113] Vgl. Steinsberger, Jörg: Nutzung neutraler Produktdatenmodelle in einer objekt-orientierten offenen Systemdatenbasis, Diss. TU Berlin, Berlin 1997, S. 16.

[114] Vgl. Eversheim, Walter u.a.: STEP als Integrationskern für die Produktdatengenerierung, a.a.O. S. 63 und Steinsberger, Jörg, a.a.O., S. 16f.
Siehe auch zur Frage, ob STEP ein Schnittstellen- oder ein Produktdatenstandard ist, Benn, Wolfgang u.a.: ISO 10303 (STEP) - Datenaustauschformat oder Modellierungs-basis?, in: Engineering Management, 1997/98, S. E34ff.

lierungssprache EXPRESS. Mit EXPRESS können die Datenstrukturen in einer objektorientierten Weise beschrieben werden.[115]

Die Entwicklungsumgebung, die sich in erster Linie mit der Normierung beschäftigt, teilt sich in die drei Bereiche Beschreibungsmethoden (engl.: Description Methods), Implementierungsmethoden (engl.: Implementation Methods) und Konformitätstests (engl.: Conformance Testing Methodology and Framework) auf.[116]

Der größte Teil von STEP beschäftigt sich mit der Beschreibung von Produktdaten und unterteilt sich in die drei Teilgebiete „Integrated Generic Resources", „Application Resources" und Anwendungsprotokolle (engl.: Application Protocols).[117]

Abb. 16: STEP-Architektur im Überblick

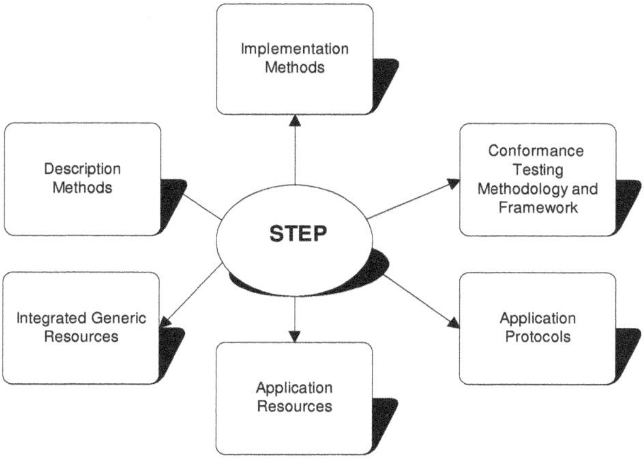

Implementation Methods

Description Methods

Conformance Testing Methodology and Framework

STEP

Integrated Generic Resources

Application Protocols

Application Resources

Entworfen und gezeichnet: Bedey, Björn, in Anlehnung an Steinsberger, Jörg: Nutzung neutraler Produktdatenmodell in einer objektorientierten offenen Systemdatenbasis, Diss. TU Berlin, Berlin 1997, S. 18 und Lührsen, Horst u.a.: STEP-Datenbanken, in: CIM Management, 1993, Heft 5, S. 10.

---

[115] Vgl. Steinsberger, Jörg, a.a.O., S. 17.

[116] Vgl. Warnecke, Hans-Jürgen u.a.: Weg zur rechnerintegrierten Produktion, Berlin u.a. 1995, S. 24f. und Lührsen, Horst u.a.: STEP-Datenbanken, in: CIM Management, 1993, Heft 5, S. 10.

[117] Vgl. Genderka, Martin: Objektorientierte Methode zur Entwicklung von Produktmodellen als Basis integrierter Ingenieursysteme, Aachen 1995, S. 22ff. und Lührsen, Horst u.a., a.a.O., S. 10f.

Nachdem in den letzten Abschnitten die Produktentwicklung selbst im Vordergrund stand, werden nun die Daten der Produktentwicklung in den Mittelpunkt der Betrachtung gerückt.

4.5 Zusammensetzung und Struktur der Daten für die Produktentwicklung

Anhand eines Vorgangskettendiagramms lassen sich die Vielfalt und die Verflechtung der unterschiedlichen Datencluster gut verdeutlichen.

Abb. 17: Vorgangskettendiagramm der Produktentwicklung

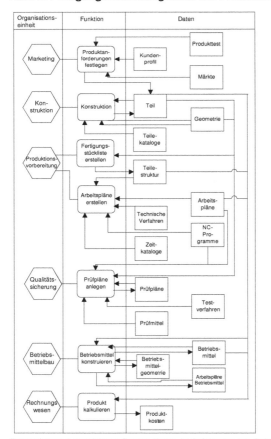

Entworfen und gezeichnet: Bedey, Björn, in Anlehnung an: Scheer, August-Wilhelm: Wirtschaftsinformatik, 6. Aufl., Berlin u.a. 1995, S. 542.

Die Abläufe erfordern eine hohe Dialogintensität. Der einzelne Bearbeiter besitzt durch die Definition von Stücklisten, Arbeitsabläufen usw. Freiheitsgrade, die in interaktiven Entscheidungsprozessen oder Abwandlungen von vorhandenen Lösungen ausgeübt werden können. Ein anderer Trend besteht in der Automatisierung. Hierbei werden bspw. Stücklisten automatisch aus der Geometriebeschreibung der Teile erstellt.[118]

Im Bereich des Marketing soll der Benutzer durch ein Marketinginformationssystem (MAIS) bei seinen Entscheidungen unterstützt werden. Mittels einer einheitlichen Oberfläche werden die Bestandteile Datenbank, Methodenbank und Modellbank verbunden. Im MAIS sind interne Daten aus den operativen Systemen und externe Daten von Marktforschungsinstituten enthalten.[119]

In der Konstruktion werden in der Entwurfsphase 95% und in der Ausarbeitungsphase 65% der Unterlagen in graphischer Form erstellt. Mit CAD-Systemen werden neben der Zeichentätigkeit auch noch automatisches Bemassen, Ordnen und Wiederfinden von Konstruktionsergebnissen unterstützt. Mittels Computer Aided Engineering (CAE)-Systemen können zudem umfangreiche Berechnungen durchgeführt und mittels Simulations-[120] und Bewertungsverfahren die Konstruktionsergebnisse optimiert werden. Im Mittelpunkt der Konstruktion steht die rechnerintegrierte Abbildung des Produktmodells, welche alle relevanten Produkteigenschaften strukturiert erfassen soll.[121]

Durch den Arbeitsplan wird die Umwandlung eines Werkstückes vom Rohzustand in seinen Fertigzustand beschrieben. Ausgangsbasis für den Arbeitsplan sind geometrische und technologische Angaben über das Ausgangsteil und das Fertigteil. Mittels Computer Aided Planning (CAP)-Systemen wird diese Arbeit unterstützt. Das Ziel von CAP ist die selbständige Entwicklung von Arbeitsplänen aus einer Produktbeschreibungsdatenbank.[122]

---

[118] Vgl. Scheer, August-Wilhelm: Wirtschaftsinformatik, a.a.O., S. 542.
[119] Vgl. Scheer, August-Wilhelm: Wirtschaftsinformatik, a.a.O., S. 547ff.
[120] Siehe zu Simulationsverfahren Spiro, Hans: CAD der Mikroelektronik, München u.a. 1997.
[121] Vgl. Tegel Oliver, a.a.O., S. 35ff. und Scheer, August-Wilhelm: Wirtschaftsinformatik, a.a.O., S. 559ff.
[122] Vgl. Scheer, August-Wilhelm: CIM, 2. Aufl., Berlin u.a. 1987, S. 43ff. und Scheer, August-Wilhelm: Wirtschaftsinformatik, a.a.O., S. 580ff.

Die Qualitätssicherung im Sinne von Total Quality Management (TQM) umfaßt alle Bereiche des Unternehmens und ist in den Produktentwicklungsprozeß integriert. In der Qualitätsplanung werden mittels QFD die Anforderungen des Kunden an das Produkt durch das Marketing mittels konkreter Qualitätsmerkmale definiert und zulässige Abweichungen aufgestellt. Die Qualitätsprüfung stellt anhand von Prüfplänen fest, inwieweit das Produkt den Qualitätsanforderungen genügt. Das Ziel ist hier ebenfalls eine automatische Generierung von Prüfplänen.[123]

Auch die Kosten eines Produkts sind Bestandteil des Produktmodells. Eine erste Kalkulation wird im Rahmen der technischen Betriebswirtschaft direkt während des Produktentwicklungsprozesses durchgeführt. Später wird die eigentliche Produktkalkulation durch das Finanz- und Rechnungswesen vorgenommen. Innerhalb der technischen Betriebswirtschaft werden auch Kalkulationen fremderstellter Teile einbezogen.[124]

Die Entsorgung der Produkte muß zudem berücksichtigt werden. Durch ein Expertensystem lassen sich Regeln für die Konstruktionsberatung hinterlegen. Bei der Produktbeschreibung muß zusätzlich zur Fertigungsstückliste eine Entsorgungsstückliste geführt werden.[125]

Abschließend veranschaulicht das Datencluster des integrierten Produktmodells auf der nächsten Seite den Umfang der Daten.

Die Anforderungen, die aus den Daten resultieren, werden im nächsten Abschnitt genauer untersucht.

---

[123] Vgl. Tegel Oliver, a.a.O., S. 31f. und Scheer, August-Wilhelm: Wirtschaftsinformatik, a.a.O., S. 590ff.
[124] Vgl. Scheer, August-Wilhelm: Wirtschaftsinformatik, a.a.O., S. 592ff.
[125] Vgl. Dieterle, Andreas, a.a.O., S. 23ff. und Scheer, August-Wilhelm: Wirtschaftsinformatik, a.a.O., S. 599ff.

Abb. 18: Datencluster des integrierten Produktmodells

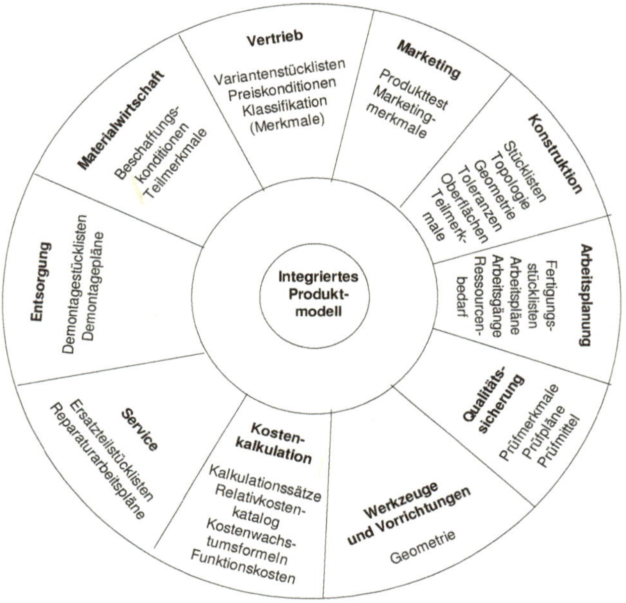

Quelle: Scheer, August-Wilhelm: Wirtschaftsinformatik, 6. Aufl., Berlin u.a. 1995, S. 608.

4.6 Datenmodellanforderungen der Produktentwicklungsdaten

Der Abbildungsbedarf in der technischen Datenverarbeitung ist sehr viel größer als im kaufmännisch-kommerziellen Umfeld. Es kommen im technischen Umfeld nicht nur einfache Datentypen wie z. B. ganze Zahlen (engl.: integer) zum Einsatz, sondern darüber hinaus auch komplexe Objekte, Geometrien, tiefe Stücklistenstrukturen und lange Felder bspw. für NC-Programme. Die komplexen Objekte setzen sich aus vielen Einzelobjekten zusammen. Von einigen Anwendungen werden die Objekte als homogenes Objekt gesehen und verwendet sowie modifiziert. Notwendig ist zudem eine umfassende Versionsverwaltung, die typische wachsende und sich wiederholende Entwurfsabläufe für die Planung unterstützt.[126]

---

[126] Vgl. Schmidt, Jürgen und Steuernagel, Ralf: Objektorientierte Produkt-/ Produktionsdatenbank PPM-*, in: VDI-Z, 133. Jg. (1991), Heft 9, S. 120ff.

In der Produktionstechnik gibt es sehr viele Objekttypen. Zwischen diesen Objekttypen bestehen viele Gemeinsamkeiten wie bspw. die Inventarnummer der inventarisierbaren Gegenstände. Um die Objekttypen übersichtlich und redundanzfrei repräsentieren zu können, ist es erforderlich, Generalisierungen und Spezialisierungen vornehmen zu können. Während des täglichen Ablaufs kommt es häufig zu Änderungen der Daten, deshalb muß das Modell auch sehr änderungsfreundlich konzipiert sein. Neue Verfahren oder neue Betriebsmittel mit neuen Attributen kommen häufig zum Einsatz und müssen schnell und unproblematisch zu integrieren sein.[127]

Neben der Repräsentation der Daten müssen auch die betrieblichen Funktionen und die Zusammenarbeit zwischen diesen in einer Datenbank strukturell abzubilden sein. Die Funktionen müssen so verfeinert werden, daß die Eingangs- und Ausgangsdaten genau erkannt werden können. Wenn das geschehen ist, ist die Basis für eine überschaubare und nachvollziehbare Versions- und Änderungsverwaltung gegeben. Es reicht nicht aus, nur die Versionen der Daten zu protokollieren, es müssen auch die Versionen der Funktionen berücksichtigt werden.[128]

Abschließend betrachtet sind Produktentwicklungsdaten komplexe Objekte, die sich aus vielen Einzelobjekten mit zahlreicheichen Gemeinsamkeiten zusammensetzen und häufig geändert oder ergänzt werden. Auch die betrieblichen Funktionen der Daten sind zu beachten. Das Datenmodell muß schließlich Generalisierungen und Spezialisierungen vornehmen können und änderungsfreundlich konzipiert sein.

Nachdem alle notwendigen theoretischen Grundlagen erörtert und die Vergleichskriterien aufgestellt worden sind, kann im folgenden fünften Kapitel der Vergleich der beiden Datenmodelle erfolgen.

---

[127] Vgl. Schmidt, Jürgen und Steuernagel, Ralf, a.a.O., S. 123.
[128] Vgl. Schmidt, Jürgen und Steuernagel, Ralf, a.a.O., S. 123.

5. Vergleich eines relationalen und objektorientierten Daten- modells zur Datenbereitstellung in der Produktentwicklung

Das relationale und das objektorientierte Datenmodell soll nicht nur auf theoretischer Basis verglichen werden, sondern auch anhand konkreter Beispiele. Aus diesem Grund werden im ersten Abschnitt dieses Kapitels die beiden Datenmodelle für die Daten der Produktentwicklung exemplarisch modelliert. So können auch praktische Erfahrungen in den Vergleich mit einfließen. In den darauf folgenden Abschnitten werden die Modelle anhand der vorher spezifizierten Kriterien[129] verglichen.

5.1 Datenmodellierung

Die Modellierung des relationalen Datenmodells erfolgt anhand des ERM[130] und die des objektorientierten Datenmodells anhand des Objektmodells mit der OMT.[131] In beiden Datenmodellen werden die Daten für die Produktentwicklung modelliert.

5.1.1 Modellierung eines relationalen Datenmodells

Im Mittelpunkt der Betrachtung stehen das Produkt bzw. die Produktdaten, denn diese sind das Resultat der Produktentwicklung. Die Produktdaten werden von vielen Seiten entwickelt und geformt. In dem folgenden exemplarischen Datenmodell stehen die Produktdaten mit neun Bereichen bzw. Objekttypen in Beziehung. Das Modell ist von unten nach oben, gemäß des Entwicklungsvorgangs, zu betrachten.

Die Stückliste bildet das Produkt ab, da in ihr die benötigten untergeordneten Teile mit den entsprechenden Mengenangaben aufgeführt sind. Die Geometrie- und Topologiedaten der Konstruktion beschreiben das Produkt bzw. stellen es in Zeichnungen dar. Die Unternehmenspolitik beeinflußt das Produkt grundsätzlich aufgrund subjektiver und objektiver Faktoren. Standards setzen einen Rahmen, in dem sich das Produkt bewegen muß. Der

---

[129] Siehe hierzu Kap. 3 „Auswahl von Vergleichskriterien für Datenbanken" auf S. 28 dieser Arbeit.
[130] Siehe hierzu Kap. 2.2.2 „Entity Relationship-Modell" auf S. 12 dieser Arbeit.
[131] Siehe hierzu Kap. 2.2.3 „Objektmodell nach der Object Modeling Technique" auf S. 14 dieser Arbeit.

Arbeitsplan beschreibt die eigentliche Fertigung des Produktes, indem dort Informationen über die Art der Fertigung, die Reihenfolge der Aktionen eines Auftrages, deren Zeitbedarf und die benötigten Kapazitäten aufgeführt werden. Die Qualitätstabelle ist eine Grundlage, auf der die Produktentwicklung und damit auch das Produkt basiert. Die Konditionen bilden einen zweiten Rahmen für das Produkt. Teile gehören zum Produkt, das schließlich von mehreren Sichten bzw. Bereichen geschaffen wird. Für die Beziehungen dieser neun Objekttypen sind exemplarisch die Kardinalitäten angegeben, so können bspw. „n" Geometriedaten ein Produkt beschreiben.

Abb. 19: Relationales Produktdatenmodell nach ERM

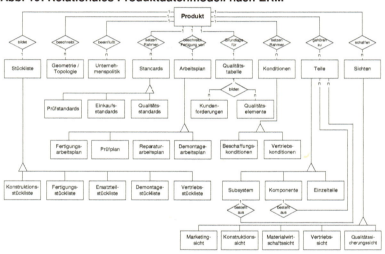

Entworfen und gezeichnet: Bedey, Björn, in Anlehnung an Scheer, August-Wilhelm: Wirtschaftsinformatik, 6. Aufl., Berlin u.a. 1995, S. 609 und Liesegang, Günter (Hrsg.): QFD, Landsberg 1992.

Für die Objekttypen Stückliste, Standards, Arbeitsplan, Konditionen, Teile und Sichten wurden Abstraktionsmechanismen angewandt, so z. B. bei den Beschaffungs- und Vertriebskonditionen, bei denen eine Generalisierung zum Objekttyp „Konditionen" vorgenommen wurde. Dagegen besteht die Qualitätstabelle aus den Kundenforderungen und den Qualitätselementen. Hier liegt eine Beziehung vor.

An dem Objekttyp „Teile" wurde exemplarisch ein komplexerer Zusammenhang verdeutlicht. Der Objekttyp „Teile" läßt sich in Subsysteme, Kom-

ponenten und Einzelteile untergliedern, wobei ein Subsystem und eine
Kom-ponente wiederum mit Teilen in Beziehung stehen, denn Subsysteme
und Komponenten bestehen aus Teilen.

Das modellierte Produktdatenmodell ist unvollständig und kann nur das Wesentliche exemplarisch darstellen. Eine umfassende Darstellung mit allen
Beziehungen und Aggregationen ist im Rahmen dieser Arbeit nicht möglich.
Am Beispiel der Beziehungen der Qualitätstabelle zu anderen Objekttypen
wird im folgenden die Komplexität des Modells verdeutlicht.

Abb. 20: Beziehungen der Qualitätstabelle nach ERM

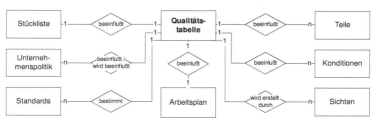

Entworfen und gezeichnet: Bedey, Björn.

Die Qualitätstabelle steht mit sieben anderen Objekttypen in Beziehung. Diese stehen auch wiederum mit anderen Objekttypen in Beziehung. Dies wäre
aber an dieser Stelle nur noch schwer darstellbar.

Bisher wurden lediglich drei Ebenen von Objekttypen dargestellt. Die einzelnen Objekttypen können aber noch mit mehreren anderen Ebenen von Objekttypen in Beziehung stehen. Dies wird wiederum exemplarisch anhand der
Qualitätstabelle dargestellt. Die Kardinalitäten werden zugunsten der
Übersichtlichkeit im folgenden nicht mehr aufgeführt.

Abb. 21: Zusammensetzung einer Qualitätstabelle nach ERM

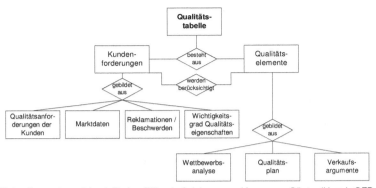

Entworfen und gezeichnet: Bedey, Björn, in Anlehnung an Liesegang, Günter (Hrsg.): QFD, Landsberg 1992.

Die Qualitätstabelle basiert auf einer Kombination von Kundenforderungen mit den Qualitätselementen. Anfangs werden die Qualitätsanforderungen der Kunden auf dem Zielmarkt untersucht, den geforderten Qualitätseigenschaften ein Wichtigkeitsgrad zugeordnet und zusätzliche Marktdaten erhoben. Zusammen mit den Reklamationen und Beschwerden von Kunden werden daraus die Kundenforderungen gebildet. Die Qualitätselemente basieren auf einer Wettbewerbsanalyse der Konkurrenzprodukte auf dem Markt, einem Qualitätsplan, Verkaufsargumenten und schließlich den Kundenforderungen, mit denen die wichtigsten Qualitätselemente bestimmt werden können.[132] Anhand des Beispiels der Zusammensetzung der Qualitätstabelle wird exemplarisch die Verwendung von Attributen dargestellt, die bisher aufgrund der Übersichtlichkeit nicht mit aufgeführt wurden.

---

[132] Vgl. Akao, Yoji: Eine Einführung in Quality Function Deployment (QFD), in: Liesegang, Günter (Hrsg.): QFD, Landsberg 1992, S. 19.

Abb. 22: Qualitätstabelle mit Attributen nach ERM

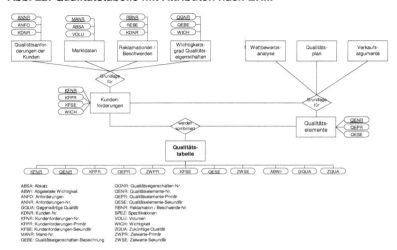

Entworfen und gezeichnet: Bedey, Björn, in Anlehnung an Liesegang, Günter (Hrsg.): QFD, Landsberg 1992.

Die Anzahl der Attribute pro Objekttyp wurde in diesem Beispiel bewußt reduziert. Trotzdem enthält die Qualitätstabelle schließlich elf Attribute, wodurch die Darstellung wieder unübersichtlich wird.

Nachdem das Datenmodell mittels des ERM exemplarisch aufgestellt sowie die einzelnen Zusammenhänge und die Komplexität verdeutlicht wurden, werden im letzten Schritt die Attributwerte dargestellt. Dies geschieht im relationalen Datenmodell in Form von Tabellen. Es wird wiederum die Entwicklung der Qualitätstabelle, mit dem konkretisierten Beispiel einer Automobilfabrikation, verwendet. Auf den Normalisierungsprozeß wird verzichtet, da sich an der Darstellungsform nichts ändert.

Tab. 1: Kundenforderungen

KFNR	KFPR	KFSE	WICH
1	schnell	gute Beschleunigung	2
2	schnell	große Höchstgeschwindigkeit	3

Die Kundenforderung Nr.1 beinhaltet bspw., daß die Kunden die primäre Forderung nach Schnelligkeit und die sekundäre Forderung nach guter

Beschleunigung stellen. Dies geschieht für die Kunden mit der Wichtigkeit

von 2. Die anderen Tabellen sind dementsprechend zu interpretieren.

Tab. 2: Qualitätselemente

QENR	QEPR	QESE
1	Geschwindigkeit	Beschleunigung von 0 auf 100 km/h in Sekunden
2	Geschwindigkeit	Höchstgeschwindigkeit in km/h

Die Tabelle der Kundenforderungen und die der Qualitätselemente werden

schließlich in der Qualitätstabelle kombiniert bzw. zusammengefügt.

Tab. 3: Qualitätstabelle

KF NR	QE NR	KFPR	QEPR	ZW PR	KFSE	QESE	ZW SE	AB WI	GQUA	ZQUA
1	1	schnell	Geschw.	Ja	Beschl.	0 auf 100	Ja	1	25 sec.	22 sec.
1	2	schnell	Geschw.	Ja	Beschl.	km/h	Nein	6	leer	leer
2	1	schnell	Geschw.	Ja	Höchst.	0 auf 100	Nein	6	leer	leer
2	2	schnell	Geschw.	Ja	Höchst.	km/h	Ja	2	140 km/h	160 km/h

Abschließend wird noch kurz ein Ausschnitt einer möglichen Produktdaten-

tabelle aus dem modellierten Datenmodell dargestellt, um das Bild abzurun-

den.

Tab. 4: Produktdatentabelle

PRNR	PRBE	GENR	STNR	ABNR	QTNR	TLNR	KONR	SINR
1	Auto 3	A3W4	345	856	853	1596	7895	4583

Bestandteil der Tabelle ist die Produktnummer (PRNR), die Produktbezeich-

nung (PRBE), die Geometriedatennummer (GENR), die Stücklistennummer

(STNR), die Arbeitsplannummer (ABNR), die Qualitätstabellennummer

(QTNR), die Teiledatennummer (TLNR), die Konditionennummer (KONR)

und schließlich die Sichtennummer (SINR).

Diese Tabelle ließe sich noch erweitern. Es können bspw. die Geometrie-

daten nicht über einen Verweis auf eine andere Tabelle zugeordnet, son-

dern direkt in die Produktdatentabelle integriert werden. Dies veranschau-

licht deutlich die große Komplexität, die das zugrundeliegende Datenmo-dell

bewältigen muß.

Im nächsten Abschnitt werden die Daten für die Produktentwicklung anhand eines objektorientierten Datenmodells modelliert.

5.1.2 Modellierung eines objektorientierten Datenmodells

Die Modellierung des objektorientierten Datenmodells erfolgt ebenfalls anhand der Daten für die Produktentwicklung, also auf der gleichen Grundlage wie die des relationalen Datenmodells. Es ist lediglich die Modellierungsmethode unterschiedlich. Deshalb wird im folgenden auch nur auf die Besonderheiten eingegangen und nicht mehr das ganze Modell beschrieben. Begonnen wird wiederum mit der Darstellung des vollständigen Produktdatenmodells. Die Betrachtung erfolgt von unten nach oben.

Abb. 23: Objektorientiertes Produktdatenmodell nach OMT

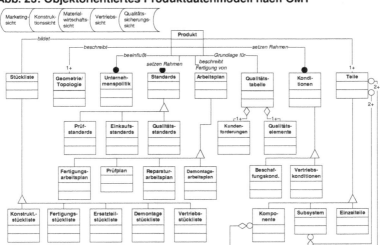

Entworfen und gezeichnet: Bedey, Björn, in Anlehnung an Scheer, August-Wilhelm: Wirtschaftsinformatik, 6. Aufl., Berlin u.a. 1995, S. 609 und Liesegang, Günter (Hrsg.): QFD, Landsberg 1992.

Auf den ersten Blick gleichen sich die beiden Modelle. Es sind aber andere Symbole bzw. Notationen für die Darstellung benutzt worden. Auf die funktionalen Unterschiede wird beim eigentlichen Vergleich noch ausführlich eingegangen. Ein paar Besonderheiten sollen nicht unerwähnt bleiben: Die Produktdaten stehen nur noch mit acht statt neun Klassen in Beziehung, die Sichten fehlen. Dies liegt daran, daß die verschiedenen Sichten mittels OMT durch mehrere Module dargestellt werden können, was links oben im Modell angedeutet ist. Der Generalisierung mittels ERM steht die Generalisierung bzw. die Vererbung mittels OMT gegenüber. Auch wenn die Symbole gleich sind, verbirgt sich dahinter doch, wie bereits beschrieben, eine andere Bedeutung und Mächtigkeit. Die Raute symbolisiert bei der OMT eine Aggregation und kommt in dieser Weise nicht im ERM vor. Auch die Kardinalitäten sind vielseitiger und werden anders abgebildet[133].

Dieses modellierte Produktdatenmodell ist wiederum unvollständig und kann nur das Wesentliche exemplarisch darstellen. Eine umfassende Darstellung mit allen Beziehungen und Aggregationen ist ebenfalls im Rahmen dieser Arbeit nicht möglich.

Auch die Beziehungen der Qualitätstabelle werden im folgenden nach OMT abgebildet, damit die Komplexität auch hier ersichtlich wird und ein Vergleich möglich ist.

Abb. 24: Beziehungen der Qualitätstabelle nach OMT

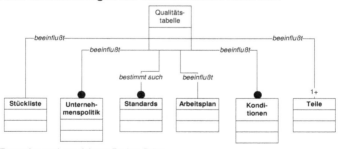

Entworfen und gezeichnet: Bedey, Björn.

Gleiches gilt für die Darstellung der Zusammensetzung der Qualitätstabelle die der Vollständigkeit halber auf der nächsten Seite als Abb. 25 aufgeführt wird.

---

[133] Siehe hierzu Kap. 2.2.3 „Objektmodell nach der Object Modeling Technique" auf S. 14 dieser Arbeit.

Abb. 25: Zusammensetzung einer Qualitätstabelle nach OMT

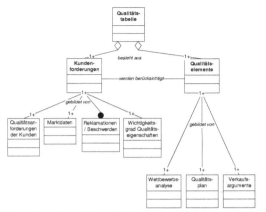

Entworfen und gezeichnet: Bedey, Björn, in Anlehnung an Liesegang, Günter (Hrsg.): QFD, Landsberg 1992.

Abb. 26: Qualitätstabelle mit Attributen nach OMT

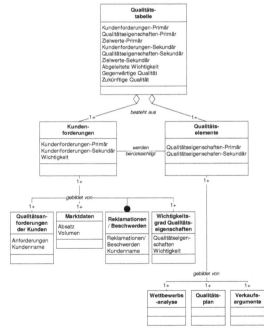

Entworfen und gezeichnet: Bedey, Björn, in Anlehnung an Liesegang, Günter (Hrsg.): QFD, Landsberg 1992.

Bei der auf der letzten Seite als Abb. 26 erfolgten Darstellung der Attribute werden die grafischen Unterschiede deutlicher. Die Attribute werden nicht mehr wie im ERM in Form von Ellipsen mit dem Rechteck der Objektklasse verbunden, sondern sind jetzt direkt im Rechteck der Objektklasse, im zweiten Teil der Klassenbox, enthalten.

Die Attribute sind direkt in den Objekttypen dargestellt. Hierdurch wirkt das Modell überschaubarer, allerdings erhöht sich auch der Platzbedarf.

Abb. 27: Qualitätstabelle mit Attributen und Operationen nach OMT

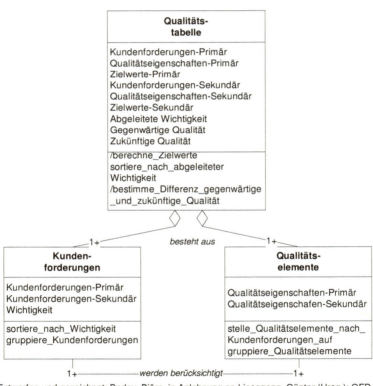

Entworfen und gezeichnet: Bedey, Björn, in Anlehnung an Liesegang, Günter (Hrsg.): QFD, Landsberg 1992.

Werden die Operationen, wie in Abb. 27 geschehen, mit in die Betrachtung einbezogen, so können diese nicht mit dem relationalen Modell verglichen werden, da sie dort nicht enthalten sind.

Am Beispiel der Konditionen wird die Wirkungsweise einer abstrakten Operation gezeigt. Die Oberklasse Konditionen vererbt seine Attribute und Operationen den beiden Unterklassen. Die Operation „Bestellung_ausführen" ist in der Oberklasse abstrakt, während sie in den Unterklassen konkret wird. So wird die Beschaffung bei der Mindestbestellmenge X eine Bestellung ausführen und der Vertrieb wird eine Bestellung annehmen, falls die Mindestbestellmenge geordert wurde. Die Mindestmengen sind allerdings unterschiedlich und der Vorgang im Betrieb auch ein anderer, die Operationen hingegen sind gleich.

Abb. 28: Abstrakte Operationen nach OMT

Entworfen und gezeichnet: Bedey, Björn.

Die Attributwerte werden mittels OMT auch anders dargestellt als in relationalen Datenmodellen. Anstatt der Tabellen werden weiterhin graphische Elemente verwendet. Die einzelnen Instanzen einer Klasse sind hierdurch übersichtlich und anschaulich dargestellt, allerdings ist der Platzbedarf dadurch größer. Die graphische Darstellung erfolgt auf der nächsten Seite mittels der Abb. 29.

Die Attributwerte des Produkts können analog dargestellt werden.

Abb. 29: Attributwerte nach OMT

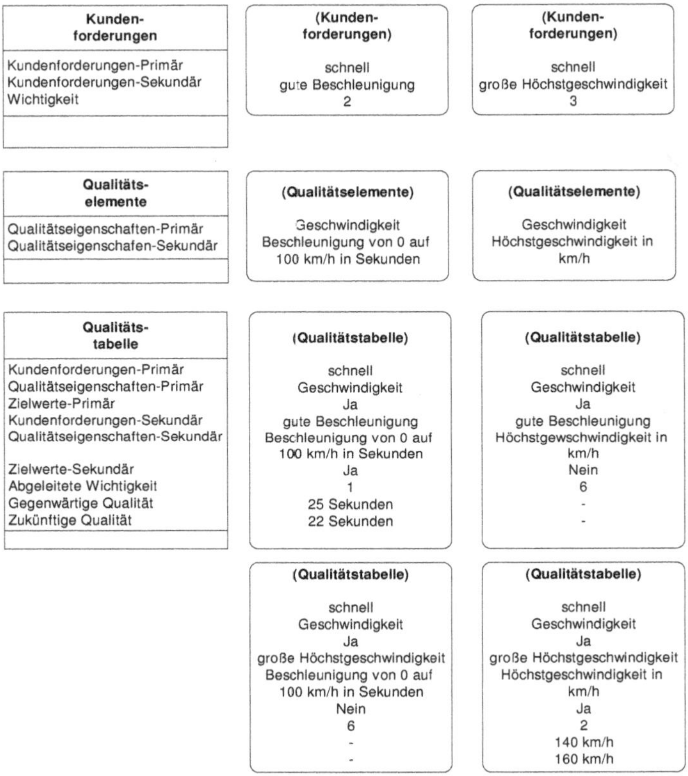

Kunden- forderungen	(Kunden- forderungen)	(Kunden- forderungen)
Kundenforderungen-Primär Kundenforderungen-Sekundär Wichtigkeit	schnell gute Beschleunigung 2	schnell große Höchstgeschwindigkeit 3

Qualitäts- elemente	(Qualitätselemente)	(Qualitätselemente)
Qualitätseigenschaften-Primär Qualitätseigenschafen-Sekundär	Geschwindigkeit Beschleunigung von 0 auf 100 km/h in Sekunden	Geschwindigkeit Höchstgeschwindigkeit in km/h

Qualitäts- tabelle	(Qualitätstabelle)	(Qualitätstabelle)
Kundenforderungen-Primär Qualitätseigenschaften-Primär Zielwerte-Primär Kundenforderungen-Sekundär Qualitätseigenschaften-Sekundär	schnell Geschwindigkeit Ja gute Beschleunigung Beschleunigung von 0 auf 100 km/h in Sekunden	schnell Geschwindigkeit Ja gute Beschleunigung Höchstgewschwindigkeit in km/h
Zielwerte-Sekundär Abgeleitete Wichtigkeit Gegenwärtige Qualität Zukünftige Qualität	Ja 1 25 Sekunden 22 Sekunden	Nein 6 - -

(Qualitätstabelle)	(Qualitätstabelle)
schnell Geschwindigkeit Ja große Höchstgeschwindigkeit Beschleunigung von 0 auf 100 km/h in Sekunden Nein 6 - -	schnell Geschwindigkeit Ja große Höchstgeschwindigkeit Höchstgeschwindigkeit in km/h Ja 2 140 km/h 160 km/h

Entworfen und gezeichnet: Bedey, Björn, in Anlehnung an Liesegang, Günter (Hrsg.): QFD, Landsberg 1992.

Nachdem die beiden Datenmodelle für den gleichen Datenbestand modelliert wurden, wird der Vergleich anhand der im 3. Kapitel aufgestellten Kriterien erfolgen.

5.2 Vergleich der Datenmodelle anhand der inneren Kriterien

In diesem Abschnitt werden die Datenmodelle anhand der inneren Kriterien bezogen auf den Datenbankentwurf, den Umgang mit den Daten sowie die Verwaltung der Daten verglichen.

5.2.1 Vergleich hinsichtlich des Datenbankentwurfs

Wie bereits festgestellt,[134] stehen die Kriterien für den Vergleich hinsichtlich des Datenbankentwurfs in einem direkten Zusammenhang mit der Auswahl des Datenmodells. Die Modellierungsmethoden sind direkt vom verwendeten Datenmodell abhängig.

Die Datenmodellierung hat sich in der Praxis bei den beiden verwendeten Modellen bzw. Methoden, dem ERM und der OMT, kaum unterschieden. Hinsichtlich der Notation waren die Unterschiede jedoch teilweise elementar. Da das ERM im Gegensatz zur OMT eher vertraut ist, hat die OMT hier einen Nachteil. Dieser wird sich mit der Häufigkeit der Anwendung relativieren.

Die Mächtigkeit der Modellierungsmethoden ist zudem unterschiedlich. Mittels OMT lassen sich Zusammenhänge besser und auch verständlicher darstellen. Einige Gestaltungsmöglichkeiten, wie z. B. an die Daten gekoppelte Operationen und die Vererbung, sind im ERM gar nicht vorgesehen.

Mit beiden Modellen ist es schwierig, komplexe Zusammenhänge und große Mengen von Daten, wie sie bei der Produktentwicklung auftreten, übersichtlich darzustellen. Für das Verständnis beider Modelle ist eine verbale Beschreibung nötig, da bspw. die Leserichtung ohne Erläuterungen nicht deutlich wird.

Die Übersichtlichkeit nimmt im relationalen Datenmodell mit der Komplexität der Tabellen ab. Mit zunehmender Spalten- und Zeilenanzahl werden die Tabellen unübersichtlicher. Allerdings können die Attributwerte auf kleinem Raum noch dargestellt werden - im Gegensatz zum objektorientierten Modell.

Im folgenden werden die eben geschilderten Unterschiede im einzelnen näher untersucht und erörtert.

---

[134] Siehe hierzu Kap. 3.3 „Anwendbarkeit und Auswahl von Kriterien für den Vergleich von Datenmodellen" auf S. 37 dieser Arbeit.

Die Möglichkeiten der Datenmodellierung sind im relationalen Modell für datenintensive, komplexe Anwendungen, wie sie bei CAD/CAM-Anwendungen, der Büroorganisation und des CASE vorkommen, beschränkt. So können die Datenobjekte lediglich als Tupel einfacher, unstrukturierter Attribute dargestellt werden. Beim logischen Entwurf des Datenmodells lassen sich komplexere semantische Integritätsbedingungen nicht ohne weiteres aufstellen. Sie müssen meist getrennt von der Datenmodellierung als zusätzliche Prozeduren von den Anwendungsprogrammen übernommen werden.[135]

Die Hersteller von relationalen Datenbanksystemen (RDBS) haben aufgrund der Unzulänglichkeit der Systeme für komplexere Daten den Datentyp „binary large object" (BLOB) eingeführt. Hinter BLOBs verbergen sich großvolumige Binärdatenobjekte, die in einem RDBS auf spezielle Weise gespeichert werden. Sie kommen im relationalen Modell aber nicht vor und können deshalb z. B. in einer SQL-Abfrage nicht angesprochen werden.[136]

Es können zudem keine Attribute, die aus mehreren Werten oder mehreren Komponenten bestehen, direkt im relationalen Datenmodell dargestellt werden. Es ist lediglich möglich, sie zu simulieren. Beziehungen zwischen unterschiedlichen Relationen eines Objekttyps können nicht unterschieden werden. Eine Darstellung erfolgt über Fremdschlüsselbeziehungen. Hinzu kommt das grundsätzliche Problem der Unübersichtlichkeit. Die Anzahl von Tabellen und Beziehungen ist schnell nicht mehr zu überschauen.[137]

Ist das Modell aber nicht zu komplex, dann ist die verständliche Darstellung in Tabellenform ein Vorteil für die Benutzer, denn Tabellen bieten auch dem nonprofessionellen Nutzer eine leicht verständliche Form der systematischen Darstellung.[138]

In RDBS gibt es nur einen Typ für die Datenstrukturierung: den Relationstyp. Attribute von normalisierten Relationen sind nicht weiter zerlegbar. Ope-

---

[135] Vgl. Dittrich, Klaus R. und Kotz, Angelika M.: Objektorientierte Datenbanksystem, in: HMD, 26. Jg. (1989), Heft 145, S. 94f. und Stegemann, Gerhard, a.a.O., S. 73.

[136] Vgl. Bauer, Michael: Relationale Datenbanken, in: Online, 1995, Heft 2, S. 54 und Wagner, Gerd: Jenseits von Schema F, in: c't, 1997, Heft 5, S. 277.

[137] Vgl. Heuer, Andreas: Objektorientierte Datenbanken, a.a.O., S. 83ff.

[138] Vgl. Herzog, Uwe und Lang, Stefan M.: Eine Technologie im Wandel, FOCUS, Beilage zur Computerwoche vom 26.05.1995, S. 4 und Heuer, Andreas: Konzept objektorientierter Datenmodelle, in: Entwicklungstendenzen bei Datenbanksystemen, Hrsg.: Vossen, Gottfried und Witt, Kurt-Ulrich, München u.a. 1991, S. 203.

rationen auf Relationen sind auf die Wiedergewinnung und die Aktualisie-
rung von Tupeln beschränkt.[139]

Bei der objektorientierten Entwurfstechnik stehen die Datenstrukturen und
die darauf auszuführenden Operationen gleichermaßen im Mittelpunkt. Mittels der Systemanalyse sollen Klassen von Objekten mit gemeinsamer Struktur und gemeinsamen Verhalten gefunden werden. Die Klassen kapseln
hierbei das Verhalten der Objekte ein, indem die Operationen mit in die Da-
tenstruktur aufgenommen werden. Es kann das dynamische Verhalten von
Objekten durch Angabe von Operationen modelliert werden. Eigenschaften
der Klassen können auf andere Klassen von beliebiger Komplexität verwei-
sen. Benutzer können mittels der Generalisierung und der Vererbung die
Klassen individuell anpassen.[140]

Im relationalen Modell muß ein Objekt durch einfache, unstrukturierte Attribute dargestellt werden. Da das objektorientierte Modell diese Restriktionen
nicht hat, können dort auch komplexere Strukturen dargestellt werden; es
sind deshalb wesentlich bessere Möglichkeiten zur Datenmodellierung vorhanden. Mittels abstrakter Datentypen lassen sich beim objektorientierten
Datenmodell so auch sehr komplexe grafische oder audiovisuelle Daten
bearbeiten und beschreiben.[141]

Es kann bspw. der Datentyp „CAD-Zeichnung" definiert werden, dessen Attribute dann mittels der zugehörigen Operationen bearbeitet werden können.
Bei den relationalen Datenbanken ließen sich die Grafiken zwar speichern,
aber nicht weiter bearbeiten.[142]

Auch komplex ineinander verschachtelte Objekte können in natürlicher Weise dargestellt werden. Die Darstellungen entsprechen in hohem Maße den
Vorstellungen der Benutzer von den Objekten. Es können bspw. Fertigungs-
strukturen eines Autos mit all den beteiligten Unterobjekten direkt in die Datenbank modelliert werden, ohne die Zusammenhänge in Relationen bzw.

---

[139] Vgl. Stegemann, Gerhard, a.a.O., S. 78 und Scholl, Marc H. und Schek, Hans-Jörg:
Evolution von Datenmodellen, in: HMD, 27. Jg. (1990), Heft 152, S. 105.
[140] Vgl. Stegemann, Gerhard, a.a.O., S. 78 und Scholl, Marc H. und Schek, Hans-Jörg,
a.a.O., S. 105.
[141] Vgl. Stegemann, Gerhard, a.a.O., S. 78 und Scholl, Marc H. und Schek, Hans-Jörg,
a.a.O., S. 105.
[142] Vgl. Schwarze, Jochen, a.a.O., S. 283f.

Tabellen aufzuspalten, die dann erst wieder durch zeitaufwendige Verknüpfungen hergestellt werden müssen.[143]

Durch das Koppeln von Operationen mit Daten beinhalten die Informationssysteme außer Strukturen auch Aktionen. Informationssysteme wandeln sich hierdurch in Wissenssysteme, die Informationen nicht nur organisieren, sondern auch die entsprechenden Aktionen initiieren.[144]

Durch die Modularisierung können mittels objektorientierter Entwicklungsmethoden auch umfassende Systeme dargestellt werden. Die Entwicklung von Untermodellen kann unabhängig von Obermodellen erfolgen. Es können neue Objekttypen hinzugefügt werden, ohne dabei bestehende verändern zu müssen. Hierdurch kann ein System organisch wachsen und es muß nicht immer wieder neu entworfen werden.[145]

Bei der Modellierung von Produktdaten sollen alle zu einem Produkt gehörenden Daten und Beziehungen erfaßt werden. Diese universellen Produktbeschreibungen führen zu großen und komplexen Systemen, die mit einem sehr hohen Aufwand entwickelt, implementiert und unterhalten werden. Objektorientierte Methoden können diese großen und komplexen Modelle handhabbarer machen.[146]

Datenbankentwurfstechniken überführen mittels Faustregeln, Methoden und Algorithmen Anwendungsstrukturen in Datenbankschemata. Die Eingangsgrößen für den Datenbankentwurf sollten deshalb nicht nur Attribute und Abhängigkeiten sein. Mit diesen allein kann keine Anwendung vollständig beschrieben oder eine widerspruchsfreie Modellierung erfolgen. Wird der Datenbankentwurf mittels einer Dekomposition umgesetzt, ist das Ergebnis nicht abhängigkeitsgetreu, nicht minimal und reihenfolgeabhängig. Es kann zu einer Aufnahme völlig getrennter Objekttypen in ein Relationenschema kommen. Die Informationen eines Objekttyps können dagegen auf mehrere Relationenschemata verteilt sein oder gänzlich unberücksichtigt bleiben.[147]

---

[143] Vgl. Koch, D.: Integrierte technische Produktdokumentation auf Basis einer objektorientierten Datenbank, in: Objektorientierte Informationssysteme, Hrsg.: Frauenhofer-Institutszentrum Stuttgart-Vaihingen, Berlin u.a. 1993, S. 116.

[144] Vgl. Taylor, David A.: Objektorientierte Technologien, Bonn u.a. 1992, S. 140f.

[145] Vgl. Schäfer, Steffen: Objektorientierte Entwurfsmethoden, Bonn u.a. 1994, S. 58ff. und Taylor, David A., a.a.O., S. 139f.

[146] Vgl. Gabbert, Ulrich und Wehner, Peter: Das Produktdatenmodell als Integrationsmodell von Konstruktions- und Berechnungsdaten, Univ. Magdeburg, Fakultät für Maschinenbau, 2. Aufl., Magdeburg 1995, S. 6f.

[147] Vgl. Heuer, Andreas: Objektorientierte Datenbanken, a.a.O., S. 89ff.

Komplexe Objekte und Typhierarchien werden bei der objektorientierten Schemamodellierung besser unterstützt.[148]

In RDBS werden meist nur begrenzte Möglichkeiten zur Erweiterung oder Veränderung der bestehenden Datenstrukturen gegeben. So ziehen Änderungen der Wertbereiche gewöhnlich eine Neubeschreibung der Relation und Änderungen in den Anwendungsprogrammen, die darauf zugreifen, nach sich. Der Grund liegt in einer nur losen Verbindung der Datenstrukturen, die das Datenbankschema aufbauen, und den Anwendungsprogrammen. Dies ist bei objektorientierten Datenbanksystemen (OODBS) anders. Hier sind Anwendungen und Daten fest verbunden. Deshalb ist eine Erweiterung und Verfeinerung von bereits bestehenden Datenstrukturen und auch eine Wiederverwendung der Anwendungsprogramme möglich.[149] Das Entwurfsmodell entspricht auch gleich den Implementierungsmodellen. Es gibt OODBS, die die Konzepte der objektorientierten Datenmodellierung weitgehend unterstützen. Bisher mußte das Entwurfsmodell, wie z. B. das ERM auf ein anderes Implementierungsmodell, wie z. B. dem Relationenmodell, abgebildet werden. Der Zeitaufwand ist hierfür sehr hoch und es kann zum Verlust von Semantik kommen.[150]

Abschließend betrachtet stoßen beide Modelle bei der Darstellung komplexer Zusammenhänge und Objekte, wie sie in der Produktentwicklung auftreten, an ihre Grenzen. Aufgrund der unterschiedlichen Notationen können mit dem objektorientierten Modell komplexere Sachverhalte verständlicher abgebildet werden. Dies liegt an der grundsätzlichen Modularität des Modells und an den zur Verfügung stehenden Mitteln der Vererbung sowie der an die Daten gekoppelten Operationen, die im relationalen Modell nicht vorhanden sind. Die Möglichkeit der Generalisierung und Spezialisierung ist in beiden Modellen gegeben. Hinsichtlich der Änderungen und Ergänzungen ist das objektorientierte Datenmodell flexibler. Schließlich bietet das objektorientierte Datenmodell eine durchgängige Abbildung, ein Bruch zwischen dem Entwurfs- und Implementierungsmodell findet im Gegensatz zum relationalen Modell nicht statt.

---

[148] Vgl. Lührsen, Horst u.a., a.a.O., S. 12.
[149] Vgl. Hughes, John G., a.a.O., S. 110f.
[150] Vgl. Heuer, Andreas: Objektorientierter Datenbankentwurf, in: Informatik Spektrum, Bd. 18 (1995), S. 96 und Kilger, Christoph u.a.: Integrierter Objektbankentwurf in der Produktmodellierung, in: it+ti, 37. Jg. (1995), Heft 5, S. 39f.

Insgesamt hat das objektorientierte Datenmodell bei komplexen Sachverhal-ten, wie es bei der Speicherung von Daten für die Produktentwicklung der Falls ist, hinsichtlich des Datenbankentwurfs Vorteile gegenüber dem relatio-nalen Modell.

Wie verhält es sich beim Umgang mit den Daten? Ob es dort auch zu Unterschieden kommt, wird im nächsten Abschnitt untersucht.

5.2.2 Vergleich hinsichtlich des Umgangs mit den Daten

Der Umgang mit den Daten mittels Abfragesprachen oder die Manipulation der Daten wird vom verwendeten Datenmodell beeinflußt.

So ermöglicht das relationale Datenmodell grundsätzlich den Einsatz von leistungsfähigen beschreibenden und mengenorientierten Abfragesprachen.[151]

Die Daten lassen sich flexibel abfragen. Schließlich liegen mathematisch fundierte Abhängigkeiten durch die Relationenalgebra vor.[152]

RDBS konnten sich unter anderem deshalb etablieren, weil mit SQL eine intuitive Sprache für alle relationalen Systeme zur Verfügung steht. SQL wurde schrittweise 1986, 1989 und zuletzt als SQL-92 international standardisiert und wurde so zum Maßstab für relationale Systeme.[153]

Das relationale Datenmodell eignet sich besonders für Ad-hoc-Abfragen. Das sind Abfragen, bei denen die Suchbegriffe kurzfristig festgelegt werden. Hierfür stellt das Modell die Standardoperationen Projektion (engl.: projection) für das Streichen von Spalten, Verknüpfung (engl.: join) für das Zusammenfügen von Tabellen und Auswahl (engl.: selection) für die Auswahl von Zeilen zur Verfügung.[154]

Es ergeben sich hinsichtlich der Abfragemöglichkeiten auch Probleme. So ist das Ergebnis einer Anfrage eine Relation, für die die Gesamtinformation innerhalb einer Anfrage wieder rekonstruiert werden muß. Durch die Rekonstruktion werden zwar alle Informationen geliefert, diese sind aber unstrukturiert. Auch bei der Anfrageformulierung wird keine Unterstützung hinsichtlich der komplexen Strukturen geboten. Sollen verteilte Informationen von ver-

---

[151] Vgl. Heuer, Andreas: Konzept objektorientierter Datenmodelle, a.a.O., S. 203.
[152] Vgl. Hering, Ekbert u.a., a.a.O., S. 186ff.
[153] Vgl. Wagner, Gerd, a.a.O., S. 276.

schiedenen Relationen gemeinsam genutzt werden, muß ein expliziter Ver-bund formuliert werden. Dies muß auch geschehen, wenn der Zusammen-hang der Informationen in der Anwendungsmodellierung eigentlich klar ist.[155]

Aufgrund der notwendigen Verteilung von Typhierarchien und komplexen Objekten bei relationalen Datenbankmodellen ist der Aufwand bei Datenbankabfragen hoch.[156]

Abfragen in OODBS sind trotz der Unterschiede in den Datenmodellen denen in relationalen Systemen ähnlich. Bei der relationalen Selektion werden Tupel, die bestimmte Anforderungen erfüllen, aus einer Relation herausgesucht. Dieses Vorgehen ist vergleichbar mit der Selektion bestimmter Objekte einer Klasse.[157]

Im Unterschied zum relationalen Modell werden bei objektorientierten Modellen die für Abfragen wichtigen Mengenoperationen aber nur unvollständig unterstützt.[158]

OODBS haben zudem technische Probleme bei der Abfrageoptimierung wie bspw. bei dynamisch gebundenen Operationenaufrufen, bei der Objektadressierung und der Speicherverwaltung.[159]

Die Sprachunabhängigkeit, die garantiert, daß alle Objekte von jeder zugelassenen Sprache ohne Einschränkung bearbeitet werden können, ist bei OODBS nur teilweise realisiert.[160]

Bei geeigneten Einsatzfällen können Abfragen aber auch schneller durchgeführt werden als bei RDBS, da bei OODBS die Objekte nicht mehr aus verschiedenen Tabellen zusammengesetzt werden müssen, sondern direkt das Objekt angesprochen werden kann.[161]

---

[154] Vgl. Riemann, Walter O., a.a.O., S. 101 und Stahlknecht, Peter und Hasenkamp, Ulrich, a.a.O., S. 218.

[155] Vgl. Heuer, Andreas: Objektorientierte Datenbanken, a.a.O., S. 109ff.

[156] Vgl. Lührsen, Horst u.a., a.a.O., S. 12.

[157] Vgl. Hughes, John G., a.a.O., S. 147.

[158] Vgl. Meier, Andreas und Wüst, Thomas: Objektorientierte Datenbanksysteme - Ein Produktvergleich, in: HMD, 32. Jg. (1995), Heft 183, S. 37 und Steinmetz, Ralf, a.a.O., S. 344.

[159] Vgl. Matthes, Florian: Persistente Objektsysteme, Berlin u.a. 1993, S. 12.

[160] Vgl. Meier, Andreas und Wüst, Thomas, a.a.O., S. 37.

[161] Vgl. Dittrich, K. R. und Scherrer, S.: Objektorientierte Datenbanksysteme - Leistungsfähige Basis komplexer Anwendungssysteme, in: Objektorientierte Informationssysteme, Hrsg.: Frauenhofer-Institutszentrum Stuttgart-Vaihingen, Berlin u.a. 1993, S. 54.

Im folgenden werden die Datenmanipulationen bzw. die Update-Operationen auf Daten der beiden Datenmodelle verglichen. Hinsichtlich der Operationen, die den Datenbestand einer Datenbank ändern dürfen, gibt es bei den RDBS Probleme. Anwendungsobjekte sind häufig auf mehrere Tupel in verschiedenen Relationen verteilt worden. Update-Operationen können aber meist nur Tupelmengen einer Relation in gleicher Weise ändern. Bei der Auswahl der zu ändernden Daten treten die Probleme der Abfragesprachen wieder auf. Es lassen sich zudem keine Objekte direkt bearbeiten, sondern nur eine selektierte Menge von Tupeln, die das Objekt darstellen. Es können nur Tupel einer Relation mit einem Update-Befehl geändert werden, auch wenn mehrere Relationen am Objekt beteiligt sind. Die expliziten Integritätsbedingungen, wie Schlüssel und Fremdschlüssel, müssen bei einem Update ausdrücklich überprüft werden, da das relationale Modell auf sie angewiesen ist. Bei modellinhärenten Integritätsbedingungen wäre dieses nicht notwendig. Es ist auch problematisch, wenn für den Benutzer sichtbare Schlüsselattribute ihren Wert ändern können. Es besteht schließlich keine Möglichkeit zur Definition objektspezifischer Erneuerungen.[162]

DML und Programmiersprachen sind oft nicht gut aufeinander abgestimmt. Die DML enthält nur eine bestimmte Anzahl von vordefinierten Funktionen und Anweisungen. Neue Funktionen können nicht definiert werden. Für die Implementierung von Anwendungen wird häufig als Ergänzung eine Programmiersprache benötigt. Die Schnittstellen der Sprachen führen aber zu Informationsverlusten, da meist mit unterschiedlichen Typensystemen gearbeitet wird.[163]

In OODBS können Objekte direkt angesprochen werden. Sie müssen sich nicht mehr aus Tupelmengen verschiedener Relationen zusammensetzen. Erneuerungen können jetzt auf Objekte direkt und nicht mehr auf eine Menge dazugehöriger Tupel ausgeführt werden. Die Objekte werden über Ersatzwerte identifiziert, die nicht nach außen sichtbar und deshalb auch nicht änderbar sind.[164]

---

[162] Vgl. Heuer, Andreas: Objektorientierte Datenbanken, a.a.O., S. 127ff.
[163] Vgl. Schmidt, Duri, a.a.O., S. 38.
[164] Vgl. Heuer, Andreas: Objektorientierte Datenbanken, a.a.O., S. 340f.

Die Datenmanipulation erfolgt in objektorientierten Systemen in erster Linie über die entsprechend definierten Operationen einer Klasse. Es können die Daten aber zudem über generelle Operationen auf Daten manipuliert wer-den.[165]

Abschließend betrachtet sind die relationalen Abfragesprachen im allgemeinen leistungsfähiger als die objektorientierten von spezifischen Situationen abgesehen. Dies ist aber nicht in der Struktur begründet, sondern in dem unzureichenden Entwicklungsstand. Grundsätzlich verfügen die objektorientierten Abfragesprachen über effizientere Möglichkeiten zur Datenabfrage, gerade hinsichtlich komplexer Objekte, wie sie in der Produktentwicklung vorherrschen. Diese sind bisher aber noch nicht hinreichend realisiert.

Hinsichtlich der Datenmanipulation bietet das objektorientierte Datenmodell durch die bereits an die Daten gekoppelten Operationen Möglichkeiten, die das relationale Datenmodell nicht bietet. Diese Möglichkeiten können in der Produktentwicklung gut genutzt werden, da Änderungen und Ergänzungen häufig vorkommen. Die Vorteilhaftigkeit eines Modells hängt hinsichtlich der Abfragesprachen und der Datenmanipulation auch von den individuellen Anforderungen der Nutzer in den Unternehmen ab.

Für das relationale Datenmodell stehen also zur Zeit die ausgereifteren Abfragesprachen zur Verfügung, hingegen können bei der Datenmanipulation im objektorientierten Modell die Vorteile hinsichtlich der an die Daten gekoppelten Operationen genutzt werden.

Der nächste Abschnitt betrachtet die Unterschiede bei der Verwaltung von Daten.

---

[165] Vgl. Stegemann, Gerhard, a.a.O., S. 80.

5.2.3 Vergleich hinsichtlich der Verwaltung von Daten

Ein Vergleich der beiden Datenmodelle anhand der Kriterien für die Verwaltung von Daten ist nur begrenzt möglich. Die Erfüllung der meisten Kriterien ist für ein Datenbanksystem grundsätzlich unerläßlich und nicht spezifisch vom Datenmodell abhängig. Deshalb können hier kaum signifikante Unterschiede verzeichnet werden. Soweit es möglich ist, wird im folgenden auf die Besonderheiten eingegangen.

In RDBS ist eine große Datenunabhängigkeit festzustellen. Es können neue Relationen nach den eigenen Wünschen kreiert und Tupel oder Domänen gelöscht oder erweitert werden. Eine anwendungsunabhängige Speicherung der Daten ist möglich.[166]

Im OODBS definiert eine Klasse eine Datenabstraktion. Die Datenabstraktion umfaßt die Spezifikation der Operationen, die auf die einzelnen Objekte der Klasse angewendet werden können. Hierdurch wird ebenfalls ein hoher Grad an Datenunabhängigkeit von der Anwendung erreicht. Bei RDBS sind die Operationen auf Daten von dem Angebot der Anwendungen abhängig. Stellen unterschiedliche Anwendungen nicht die gleichen Operationen zur Verfügung, ist die Datenkonsistenz nicht immer gewährleistet.[167]

Daten innerhalb eines Anwendungsprogrammes in einer Datenbankumgebung können als flüchtige Daten im flüchtigen Hauptspeicher stehen, wo deren Existenz am Ende des Programms endet, oder aber sie stehen im dauerhaften Speicher. Vom dauerhaften Speicher müssen sie dann in den flüchtigen Speicher geladen werden, bevor ein Zugriff auf die Daten möglich ist.[168]

Dieser grundsätzliche Zusammenhang der Datenpersistenz berührt keines der beiden Modelle im besonderen.

In OODBS haben alle Objekte eine eindeutige Identität, auf die sich andere Objekte beziehen können. Das Objekt behält seine Identität auch, wenn sein Zustand willkürlich geändert wird. Im RDBS müssen die Eigenschaften einer Entität hinreichend sein, um sie von anderen zu unterscheiden. Es muß zumindest ein Attribut geben, dessen Wert eindeutig und unveränderlich die Entität identifiziert. Die Eindeutigkeit und Unveränderlichkeit ist aber in den

---

[166] Vgl. Hering, Ekbert u.a., a.a.O., S. 186ff.
[167] Vgl. Hughes, John G., a.a.O., S. 109f.
[168] Vgl. Hughes, John G., a.a.O., S. 167.

Anwendungen nicht immer gegeben. Deshalb müssen oft künstliche Bezeichner eingeführt werden.[169]

Die Datenintegrität ist zudem durch die Kapselung von Daten und Operationen im objektorientierten Umfeld gewährleistet. Nur die gekapselten Operationen können auf die Daten zugreifen.

Mittels Wiederherstellungsmechanismen soll ein letzter konsistenter Datenbankzustand rekonstruiert werden. Dies kann notwendig werden, falls Konflikte zwischen mehreren parallel ablaufenden Transaktionen auftreten, das System durch Fehler im Anwendungsprogramm, Datenbanksystem oder im Betriebssystem abstürzt oder ein Stromausfall bzw. andere äußere Einflüsse auftreten. Voraussetzung für die Rekonstruktion ist ein Log-Protokoll, welches die Veränderungen der Datenbank protokolliert. Dieses ist dann die Basis für die Rekonstruktion.[170]

Wiederherstellungsmechanismen gehören zu den Grundfunktionen von Datenbanken und sind nicht spezifisch vom Datenmodell abhängig.

Mit Hilfe der Normalisierungen können im RDBS redundanzfreie Relationen erzeugt werden.[171] Bei OODBS stellt sich das Problem der Mehrfachspeicherung in diesem Rahmen nicht, da keine Tabellen verwendet werden. Die einzelnen Objekte sind zudem einmalig, sie werden nicht mehrfach gespeichert.

Die Datensicherheit ist auch eine grundsätzliche Forderung, die nicht spezifisch von den Datenmodellen abhängt.

Der Datenschutz, u.a. über die Zugriffsrechte, ist bei den RDBS meist hinreichend gewährleistet.

Bei objektorientierten Systemen muß der Datenschutz über Sichten auf die Objekte verwirklicht werden, die dann nur eine eingeschränkte Funktionalität besitzen. Bisher gibt es große Probleme, diese Sichten wieder als Objekte weiterzubehandeln. Autorisierungskonzepte für den Zugriff auf die Datenbank sind hingegen kein Problem.[172]

Abschließend betrachtet kann kein einheitliches Bild hinsichtlich der Auswirkungen der beiden Datenmodelle auf die angeführten Kriterien gezeichnet werden. Einige Kriterien, wie die Datenpersistenz oder Wiederherstel-

---

[169] Vgl. Hughes, John G., a.a.O., S. 110.
[170] Vgl. Heuer, Andreas: Objektorientierte Datenbanken, a.a.O., S. 463.
[171] Vgl. Hering, Ekbert u.a., a.a.O., S. 186ff.
[172] Vgl. Meier, Andreas und Wüst, Thomas, a.a.O., S. 37f.

lungsmechanismen, sind nicht spezifisch von einem Datenmodell abhängig. Die Datenunabhängigkeit und die Datenidentität lassen sich durch das ob-jektorientierte Datenmodell besser realisieren. Das relationale Datenmodell bietet dagegen Vorteile hinsichtlich des Datenschutzes. Bei den Kriterien handelt es sich um grundsätzliche Forderungen, die auch die spezifischen Besonderheiten der Daten der Produktentwicklung beinhalten. Insgesamt halten sich die Vor- und Nachteile der beiden Datenmodelle hinsichtlich

der unterschiedlichen Kriterien die Waage - mit leichten Vorteilen für die OODBS.

Nachdem in diesem Abschnitt die relevanten inneren Kriterien verglichen wurden, werden im folgenden Abschnitt die äußeren Kriterien im Hinblick auf die vollständige Datenbank betrachtet.

5.3 Vergleich der Datenmodelle anhand der äußeren Kriterien

Wie bereits erörtert, wird durch die Wahl eines Datenmodells auch gleich-zeitig das entsprechende Datenbanksystem bestimmt, welches dieses Mo-dell auch umsetzen und verwalten kann. Insofern haben die Datenmodelle auch Einfluß auf die vollständige Datenbank. Hinter den aufgestellten Krite-rien verbirgt sich allerdings eine große Vielfalt von Aspekten, deren Zusam-menhang mit den Datenmodellen zum Teil erst am Ende einer langen Wir-kungskette steht. Da diese Arbeit einen vollständigen Vergleich anhand der Kriterien aufgrund des vorgegebenen Rahmens nicht leisten kann, werden hier nur signifikante Unterschiede aufgeführt. Die Kriterien für das Umfeld der Datenbank werden, wie vorhergehend erläutert,[173] nicht in den Vergleich mit einbezogen.

Die Leistungsfähigkeit des relationalen Datenmodells wird durch die Norma-lisierung entscheidend beeinflußt. Denn die durch die Normalisierung erfolg-te Aufsplittung des Datenbestandes in viele Relationen führt bei der Daten-manipulation zu vielen Externspeicherzugriffen. Dies kann wiederum zu lang andauernden Transaktionen führen, die Echtzeit-Anwendungen unmög-lich machen.[174]

---

[173] Siehe hierzu Kap. 3.3 „Anwendbarkeit und Auswahl von Kriterien für den Vergleich von Datenmodellen" auf S. 37 dieser Arbeit.
[174] Vgl. Stegemann, Gerhard, a.a.O., S. 73.

Zudem werden die Daten innerhalb der Datenbank in einem anderen Format abgelegt, als sie für die Verarbeitung im Hauptspeicher benötigt werden. Die RDBS repräsentieren die Werte der Tupel-Attribute mit den eigenen Daten-typen. Die eigenen Datentypen sind aber fest und nicht sehr zahlreich. Es ist eine zeitaufwendige Konvertierung von der externen in die interne Speicher-darstellung nötig. Das OODBS kommt hingegen 1:1 für die externe Speiche-rung zur Anwendung.[175]

Hingegen verfügen RDBS oft über sehr effiziente Mechanismen zur Organi-sation und für den Zugriff auf externe Datenträger.[176]

Hinsichtlich der Datenbankadministration ist die Produktivität bei den OODBS höher, da durch die Möglichkeit der Vererbung von Attributen und Operationen Objektklassen wiederverwertet werden können.[177]

Die Performance bei OODBS wird häufig durch das Senden von Nachrichten zwischen den Objekten beeinträchtigt. Die Performanceverluste haben auch andere Ursachen. So führt das objektorientierte Design zu einer Aufteilung der Komponenten in mehrere Abstraktionsebenen. Durch diese Schichtung sind die einzelnen Operationen sehr klein, weil sie auf Operationen der nied-rigeren Ebene aufbauen. Die Vielzahl der Operationen über die auf die Ob-jekte zugegriffen werden kann, ist auch ein Grund für den Performancever-lust. Der Aufruf einer Operation auf einer hohen Abstraktionsebene kann zu einem kaskadenförmigen Aufruf von Operationen der niedrigeren Ebenen führen. Dieses Verhalten kann für zeitkritische Anwendungen inakzeptabel sein.[178]

Benchmark-Tests mit objektorientierten Systemen ergaben, daß sie gegen-über relationalen Systemen bei spezifischen Abfragen schneller sind. Wenn der Entwicklungsvorsprung der relationalen Systeme aufgeholt ist, werden die objektorientierten Systeme wohl auch hinsichtlich der Performance die Oberhand gewinnen.[179]

---

[175] Vgl. Bense, Hermann: Migration zu objektorientierten Datenbanksystemen, in: Industrie Management, 13. Jg. (1997), Heft 6, S. 18.
[176] Vgl. Göpfert, Jochen: Objektorientierte Datenbanksysteme, in: HMD, 30. Jg. (1993), Heft 170, S. 25.
[177] Vgl. Schwarze, Jochen, a.a.O., S. 284.
[178] Vgl. Schäfer, Steffen, a.a.O., S. 61.
[179] Vgl. Hohenstein, Uwe u.a.: Eine Evaluierung der Performanz objektorientierter Daten-banksysteme für eine konkrete Applikation, in: Datenbanksysteme in Büro, Technik und Wissenschaft, Hrsg.: Dittrich, Klaus R. und Geppert, Andreas, Berlin u.a. 1997, S. 239.

Wird die Verständlichkeit verglichen, so läßt sich feststellen, daß im RDBS alle Informationen in Tabellen dargestellt werden und sie hierdurch einfach, verständlich und homogen sind. Im OODBS müssen in den einzelnen Instanzen Objekte, Werte und Operationen dargestellt werden. Hierdurch wird die Darstellung komplizierter.[180]

Die menschliche Wahrnehmung wird durch die Kapselung von Operationen und Attributen in OODBS eher nachvollzogen, wodurch sich die Komplexität gegenüber den RDBS für den Anwender reduziert.[181]

Das objektorientierte Modell ist zudem benutzerfreundlich, da kein Wissen über Verbindungen, Zugriffspfade und andere Verkettungen notwendig ist. Komplizierte Verweise sind nicht vorhanden, deshalb herrscht eine einfache Darstellung und Speicherung vor.[182]

RDBS sind in der Praxis erprobt worden und haben sich hinsichtlich der Zuverlässigkeit bewährt. Eingesetzt werden sie in erster Linie in kaufmännischen, aber auch in vielen technischen Bereichen.[183]

Sie können große Datenmengen verwalten und den parallelen Zugriff vieler Anwender verarbeiten. Durch diese Struktur können die RDBS eine große Verantwortung für den Inhalt übernehmen und gelten als sehr sicher.[184]

OODBS sind relativ jung und befinden sich noch, verglichen mit den RDBS, in der Entwicklung.[185]

Die objektorientierte Technologie ist noch nicht ausgereift. Bisher wurde hauptsächlich entwickelt und nicht vermarktet. Bereits eingesetzte Systeme müssen ggfs. verändert werden, um auch technologische Weiterentwicklungen der OODBS nutzen zu können.[186]

Allerdings werden immer mehr OODBS auf dem Markt angeboten und auch in den Unternehmen eingesetzt. Dies spricht dafür, daß die industrielle Reife langsam erreicht wird.[187]

RDBS zeichnen sich durch eine breite Verfügbarkeit auf unterschiedlichen Plattformen aus und sind weitreichend standardisiert.[188]

---

[180] Vgl. Heuer, Andreas: Objektorientierte Datenbanken, a.a.O., S. 299.
[181] Vgl. Schwarze, Jochen, a.a.O., S. 284.
[182] Vgl. Hering, Ekbert u.a., a.a.O., S. 186ff.
[183] Vgl. Lührsen, Horst u.a., a.a.O., S. 12.
[184] Vgl. Nagl, Wolf: Internet als Katalysator von DB-Trends, in: Computerwoche, 1997, Heft 12, S. 55.
[185] Lührsen, Horst u.a., a.a.O., S. 12.
[186] Vgl. Taylor, David A., a.a.O., S. 142.

Die Transaktionsverwaltung ist bei den relationalen Systemen sehr positiv zu beurteilen. Konkurrierende Zugriffe werden synchronisiert und dadurch Datenverluste und Systemausfälle verhindert. Zudem werden hierdurch Atomarität, Konsistenz, Isolation und Dauerhaftigkeit garantiert.[189]

Ein weiterer wesentlicher Vorteil ist zudem die Kompatibilität zu bereits vorhandenen Datenbankanwendungen.[190]

Objektorientierte Systeme haben Stärken hinsichtlich der engen konzeptionellen und technologischen Verflechtung zwischen den graphischen Benutzerschnittstellen, modularer und erweiterbarer Datenabstraktion sowie wirkungsvollen Objektspeichern.[191]

Es treten aber auch neuartige datenbanksprachliche Probleme auf wie bspw. bei der Semantik dynamischer Restrukturierungen der Klassenhier-archie oder hinsichtlich von Sichtbarkeitsregeln zwischen Super- und Sub-klassen. Hierbei treten unerwünschte Namenskonflikte in Mehrbenutzersy-stemen auf, durch die eine wirksame Nutzung von Operationen, Attributen und Integritätsbedingungen nicht mehr möglich ist.[192]

Zudem ist die Transaktionsverwaltung bisher schlecht verwirklicht.[193]

Die Anbindung von OODBS an nicht-objektorientierte Anwendungen gestaltet sich auch sehr schwierig.[194]

Bisher existieren kaum allgemein akzeptierte Standards, da sich die Technologie immer noch in der Entwicklung befindet. Ohne Standards ist die Portierbarkeit von Systemen aber eingeschränkt oder fraglich.[195]

1989 wurde im „Objektorientierten-Datenbanksystem-Manifest" versucht, die Grundfunktionen von OODBS zu definieren. Die Hauptanbieter objektorientierter Produkte haben sich zudem 1991 in einem Konsortium, der Object Database Management Group (ODMG), zusammengeschlossen, um Standards zu definieren. Die ODMG hat bereits 1993 erste Standards für eine objektorientierte Abfragesprache (OQL) und auch für eine objektorien-

---

[187] Vgl. Blummer, Thomas: Objektverwalter, in: c´t, 1997, Heft 5, S. 284.
[188] Vgl. Herzog, Uwe und Lang, Stefan M., a.a.O., S. 4
[189] Vgl. Lührsen, Horst u.a., a.a.O., S. 12.
[190] Vgl. Steinmetz, Ralf, a.a.O., S. 342.
[191] Vgl. Matthes, Florian, a.a.O., S. 12.
[192] Vgl. Matthes, Florian, a.a.O., S. 12.
[193] Vgl. Lührsen, Horst u.a., a.a.O., S. 12.
[194] Vgl. Letters, Fritz: Der Nutzen der Objekte aus der Sicht des Managements, Computerwoche, 1997, Heft 37, S. 60.
[195] Vgl. Taylor, David A., a.a.O., S. 143ff.

tierte Datendefinitionssprache (ODL) erarbeitet. Auch die offiziellen Standar-disierungs-Organisationen haben zwischenzeitlich Standards definiert oder arbeiten weiterhin daran.[196]

Abschließend betrachtet zeichnet sich ein uneinheitliches Bild ab. RDBS sind hinsichtlich der Performance, der Zuverlässigkeit, der Verfügbarkeit, der Transaktionsverwaltung und der Kompatibilität den OODBS überlegen. Diese sind dagegen hinsichtlich der Datenbankadministration, der Verständlichkeit und der Benutzerfreundlichkeit im Vorteil. Hinsichtlich der Speicherung von Daten für die Produktentwicklung sind alle Kriterien relevant. Das Gewicht des einzelnen Kriteriums ist dabei von den individuellen betrieblichen Rahmenbedingungen, wie den eingesetzten Anwendungen, abhängig. Bei den Nachteilen der OODBS handelt es sich oft um entwicklungsbedingte Rückstände, die im Laufe der weiteren Entwicklung noch beseitigt werden können.

Insgesamt sind die RDBS ausgereifter als die OODBS und damit zur Zeit auch für die Produktentwicklung mit ihren hohen Ansprüchen tauglicher. Nachdem der Vergleich der beiden Datenmodelle abgeschlossen ist, wird im letzten Kapitel ein Resümee hinsichtlich der Erkenntnisse dieser Arbeit gezogen.

---

[196] Vgl. Bauer, Michael: Verkapselt und vererbt, in: Online, 1995, Heft 3, S. 63 und Wagner, Gerd, a.a.O., S. 278.

6. Schlußbetrachtung

Ziel dieser Arbeit war es, einen Beitrag zur Beantwortung der Frage zu leisten, ob das relationale oder das objektorientierte Datenmodell besser für die Speicherung von Daten für die Produktentwicklung geeignet ist. Hierzu wurde der notwendige theoretische Hintergrund für das relationale und das objektorientierte Datenmodell sowie für die Produktentwicklung dargestellt. Es wurden Besonderheiten der Daten für die Produktentwicklung spezifiziert sowie Kriterien für den Vergleich der beiden Datenmodelle erarbeitet und bewertet. Schließlich wurden Datenmodelle modelliert und diese dann anhand der aufgestellten Kriterien verglichen.

Die Arbeit zeigt, daß die Entscheidung für ein Datenmodell auch gleichzeitig die Entscheidung für eine entsprechende Datenbank ist. Ein vollständiger Vergleich von Datenbanken wäre zu umfangreich gewesen. Deshalb wurden in erster Linie Vergleichskriterien verwendet, die auch direkt anhand der Datenmodelle zu vergleichen waren.

Für das relationale Datenmodell wurde der allgemein anerkannte Standard in Form des ERM als Modellierungsmethode gewählt. Dies war beim objektorientierten Datenmodell nicht möglich. Einen allgemeinen Standard gibt es dort in dieser Form noch nicht. Es wurde die verbreitete Modellierungsmethode OMT beispielhaft gewählt. Die Gestaltungsmöglichkeiten mittels der verschiedenen Modelle der OMT gehen weit über die des ERM hinaus. Da es beim Vergleich um die Daten der Produktentwicklung und nicht um die Darstellung des Prozesses der Produktentwicklung ging, wurde der Vergleich seitens der OMT auf das statische Objektmodell beschränkt. Mittels des dynamischen Modells der OMT kann im Gegensatz zum ERM auch der Prozeß der Produktentwicklung modelliert und dargestellt werden.

Der Vergleich ergab in bezug auf die Modellierung geringe Unterschiede. Hinsichtlich der Notation waren die Unterschiede jedoch teilweise elementar. Die Produktdaten lassen sich mit beiden Methoden darstellen. Hinsichtlich der Komplexität der Zusammenhänge treten jedoch in beiden Fällen Probleme auf. Das objektorientierte Datenmodell bietet aber zusätzliche Funktionalitäten, die das relationale Datenmodell nicht enthält. Hier sind in erster Linie die an die Daten gekoppelten Operationen und die Vererbung zu nennen. Hierdurch werden unmittelbar Abfragen und Manipulationen der Da-ten vereinfacht. Gerade bei komplexen und vielschichtigen Datenstrukturen, die häufig geändert und ergänzt werden, wie es bei den Daten für die Produktentwicklung der Fall ist, kommen die Vorteile des objektorientierten Datenmodells zum Tragen. Bei der Betrachtung der vollständigen Datenbank sind auch mehrere Unzulänglichkeiten objektorientierter Datenbanksysteme hinsichtlich der Performance, der Zuverlässigkeit, der Verfügbarkeit, der Transaktionsverwaltung und der Kompatibilität festzustellen, da hier noch kein mit relationalen Datenbanksystemen vergleichbarer Entwicklungsstand erreicht ist.

Die geringe Verfügbarkeit von leistungsfähigen, objektorientierten Datenbanken ist auch der Grund für die mäßige Verbreitung. Alte Datenbanksysteme können zudem nicht kurzfristig ersetzt werden. Ein Umstieg auf ein anderes System ist mit Kosten verbunden. Arbeitskräfte, die das nötige Wissen über objektorientierte Datenbanken haben, sind kaum vorhanden. Zwischen der relationalen und objektorientierten Welt muß die Kommunikation zudem verbessert werden. Für viele Anwendungen reichen auch einfache Datentypen und einfache Operationen aus, die Notwendigkeit für objektorientierte Modelle besteht hier nicht.

Bei der Entwicklung großer Anwendungssysteme geht der Trend in Richtung der objektorientierten Ansätze.[197] Dies liegt an dem Vorteil der Durchgängigkeit der Konzepte. Von der Analyse über das Design bis zur Implementierung kann mit dem gleichen Konzept gearbeitet werden. Die Modelle werden detaillierter formuliert, aber die Notation ändert sich nicht.

Die relationalen Datenbanken werden nur in speziellen Anwendungsgebieten zurückgedrängt werden. Objektorientierte Datenbanken dringen vor allem in Anwendungsgebiete vor, die bisher von relationalen Datenbanken nicht hinreichend unterstützt werden können wie z. B. bei der Produktentwicklung. Besondere Bedeutung wird die Integration beider Systeme unter einem Dach haben. Dieser Meinung ist auch J. Witte[198]: „...objektorientierte Systeme werden die relationalen sicher nicht verdrängen. Diese Techni-ken sind fähig zu koexistieren. Unabhängig davon wächst der Markt für

---

[197] Vgl. Claus, Thorsten: Objektorientierte Simulation und Genetische Algorithmen zur Produktionsplanung und -steuerung, Diss. Univ. Osnabrück 1995, Frankfurt am Main u.a. 1996, S. 27.
[198] J. Witte ist Geschäftsführer der Poet Software GmbH in Hamburg. Poet Software ist einer der führenden Anbieter von OODBS.

objektorientierte Systeme sehr viel schneller. Und ich bin der Ansicht, daß Hersteller objektorientierter Datenbanksysteme ähnliche Größenordnungen erreichen können wie die relationaler."[199]

In einem durch das Bundesministerium für Forschung und Technologie geförderten Forschungsprojekt „Technologiemodellierung für die rechnerintegrierte Produktion" wurde unter anderem die Abbildung eines Produktmodells in einer Datenbank untersucht. Das Ergebnis war, daß sich relationale Datenbanken für die Speicherung und Verwaltung von Produktmodellen nur begrenzt eignen.[200]

Ein vergleichbares Resümee, basierend auf dem direkten Vergleich der beiden Datenmodelle, wird ebenfalls aus dieser Untersuchung gezogen. Das objektorientierte Datenmodell hat vor allem aufgrund der an die Daten gekoppelten Operationen und der Vererbung Vorteile gegenüber dem relationalen Datenmodell. Hierdurch lassen sich auch komplexere Systeme einfacher abbilden und verwalten. Relationale Datenbanksysteme sind dagegen auf einem höheren Entwicklungsstand als objektorientierte Datenbanksysteme. Dies wirkt sich in erster Linie hinsichtlich der Abfragesprachen, des Mehrbenutzerbetriebs, der Performance, der Zuverlässigkeit, der Verfügbarkeit und der Kompatibiliät aus. Beide Modelle haben ihre Daseinsberechtigung, doch eine sinnvolle Kombination von beiden wäre für die Speicherung von Daten für die Produktentwicklung zu empfehlen.

---

[199] Vgl. o.A.: Objektdatenbanken sind nicht für jede Art von Daten besser, in: Computerwoche, 1996, Heft 3, S. 44.
[200] Vgl. Eversheim, Walter u.a.: STEP als Integrationskern für die Produktdatengenerierung, a.a.O., S. 65.

Anhang

von / bis Seite

Literatur- und Quellenverzeichnis

Monographien

Balzert, Heide: Methoden der objektorientierten Systemanalyse, 2. Aufl., Heidelberg u.a. 1996.

Berger, Hansjörg: Ansätze des Qualitätsmanagements für eine zukunftsweisende Produktentwicklung, Diss. Univ. St. Gallen 1994, Hallstadt 1994.

Biethahn, Jörg u.a.: Ganzheitliches Informationsmanagement, Bd. 2 Daten- und Entwicklungsmanagement, München u.a. 1991.

Claus, Thorsten: Objektorientierte Simulation und Genetische Algorithmen zur Produktionsplanung und -steuerung, Diss. Univ. Osnabrück 1995, Frankfurt am Main u.a. 1996.

Codd, E. F.: The Relational Model for Database Management, Version 2, Addison-Wesley, Reading, MA, 1990.

Dieterle, Andreas: Recyclingintegrierte Produktentwicklung, Diss. TU München 1995, Berlin u.a. 1995.

Dokupil, Jörg: Objektorientierte Systemgestaltung, Diss. Univ. Köln 1995, Bergisch-Gladbach u.a. 1996.

Gabbert, Ulrich und Wehner, Peter: Das Produktdatenmodell als Integrationsmodell von Konstruktions- und Berechnungsdaten, Univ. Magdeburg, Fakultät für Maschinenbau, 2. Aufl., Magdeburg 1995.

Geppert, Andreas: Objektorientierte Datenbanksysteme, Heidelberg 1997.

Genderka, Martin: Objektorientierte Methode zur Entwicklung von Produkt-   modellen als Basis integrierter Ingenieursysteme, Aachen 1995.

Goldschlager, Les und Lister, Andrew: Informatik, 3. Aufl., München u.a. 1990.

Hering, Ekbert u.a.: Informatik für Ingenieure, Düsseldorf 1995.

Heuer, Andreas: Objektorientierte Datenbanken, Bonn u.a. 1992.

Heuer, Andreas und Saake, Gunter: Datenbanken, Bonn u.a. 1997.

Hughes, John G.: Objektorientierte Datenbanken, München u.a. 1992.

Kieß, Jan U.: Objektorientierte Modellierung von Automatisierungssystemen, Berlin u.a. 1995.

Kleinschmidt, Peter und Rank, Christian: Relationale Datenbanksysteme, Berlin u.a. 1997.

Kudlich, Hermann: Datenbank-Design, Wien u.a. 1988.

Liebetrau, Georg: Die Feinplanung von DV-Systemen, Braunschweig u.a. 1994

Lusti, Markus: Dateien und Datenbanken, Berlin u.a. 1989.

Matthes, Florian: Persistente Objektsysteme, Berlin u.a. 1993.

Meier, Andreas: Relationale Datenbanken, Berlin u.a. 1992.

Meyer, Bertrand: Objektorientierte Softwareentwicklung, München u.a. 1990.

Meyer-Wegener, Klaus: Multimedia-Datenbanken, Stuttgart u.a. 1991.

Riemann, Walter O.: Betriebsinformatik, München u.a. 1988.

Rumbaugh, James u.a.: Objektorientiertes Modellieren und Entwerfen, München u.a. 1993.

Schäfer, Steffen: Objektorientierte Entwurfsmethoden, Bonn u.a. 1994.

Scheer, August-Wilhelm: CIM, 2. Aufl., Berlin u.a. 1987.

Scheer, August-Wilhelm: Wirtschaftsinformatik, 6. Aufl., Berlin u.a. 1995.

Schlageter, Gunter und Stucky, Wolffried: Datenbanksysteme: Konzepte und Modelle, 2. Aufl., Stuttgart 1983

Schmidt, Duri: Persistente Objekte und objektorientierte Datenbanken, München u.a. 1991.

Schwarze, Jochen: Einführung in die Wirtschaftsinformatik, 4. Aufl., Herne u.a. 1997.

Seidel, Markus: Zur Steigerung der Marktorientierung der Produktentwicklung, Diss. Univ. St. Gallen 1996, Bamberg 1996.

Shlaer, Sally: Objektorientierte Systemanalyse, München u.a. 1996.

Spiro, Hans: CAD der Mikroelektronik, München u.a. 1997.

Stahlknecht, Peter und Hasenkamp, Ulrich: Einführung in die Wirtschaftsinformatik, 8. Aufl., Berlin u.a. 1997.

Stegemann, Gerhard: Datenbanksysteme, Braunschweig u.a. 1993.

Steinmetz, Ralf: Multimedia-Technologie, 1. korr. Nachdruck,
Berlin u.a. 1995.

Steinsberger, Jörg: Nutzung neutraler Produktdatenmodelle in einer objektorientierten offenen Systemdatenbasis, Diss. TU Berlin, Berlin 1997.

Taylor, David A.: Objektorientierte Technologien, Bonn u.a. 1992.

Tegel, Oliver: Methodische Unterstützung beim Aufbau von Produkt-
entwicklungsprozessen, Berlin 1996.

Unterstein, Michael: Unternehmensübergreifende Modellierung von
Datenstrukturen, Diss. Univ. Stettin 1995, Wiesbaden 1996.

Vetter, Max: Objektmodellierung, Stuttgart 1995.

Vinek, Günther u.a.: Datenmodellierung, Würzburg u.a. 1982.

Vossen, Gottfried: Datenmodelle, Datenbanksprachen und Datenbankmanagement-Systeme, Bonn u.a. 1987.

Warnecke, Hans-Jürgen u.a.: Weg zur rechnerintegrierten Produktion,
Berlin u.a. 1995.

Wiederhold, Gio: Datenbanken, Bd. 2 Datenbanksysteme, München 1981

Aufsätze aus Sammelwerken, Zeitschriften und Zeitungen

Akao, Yoji: Eine Einführung in Quality Function Deployment (QFD), in: Liesegang, Günter (Hrsg.): QFD, Landsberg 1992, S. 15-34.

Bastian, Michael: Datenbank-Architektur und Datenmodelle, in: HMD, 21. Jg. (1984), Heft 118, S. 5-15.

Bauer, Michael: Relationale Datenbanken, in: Online, 1995, Heft 2, S. 48-55.

Bauer, Michael: Verkapselt und vererbt, in: Online, 1995, Heft 3, S. 58-65.

Benn, Wolfgang u.a.: ISO 10303 (STEP) - Datenaustauschformat oder Modellierungsbasis?, in: Engineering Management, 1997/98, S. E34-E37.

Bense, Hermann: Migration zu objektorientierten Datenbanksystemen, in: Industrie Management, 13. Jg. (1997), Heft 6, S. 17-20.

Blummer, Thomas: Objektverwalter, in: c't, 1997, Heft 5, S. 284-295.

Bullinger, Hans-Jörg: Forschungs- und Entwicklungsmanagement in der deutschen Industrie, in: Simultane Produktentwicklung, Hrsg.: Scheer, August-Wilhelm, München 1992, S. 13-64.

Chen, Peter: The Entity-Relationship Model - towards a Unified View of Data, in: ACM Transactions on Database Systems, 1, 1, 1976, S. 9-36.

Codd, E. F.: A Relational Model of Data for Large Shared Data Banks, in: Communications of the ACM 13, 1970, S. 377-387.

Codd, E. F.: Extending the Database Relational Model to Capture More Meaning, in: ACM Transactions on Database Systems, 4, 4, 1979, S. 397-434.

Dankwort, C.W. u.a.: Innovative Produktentwicklung, in: Features verbessern die Produktentwicklung, Hrsg.: VDI, Düsseldorf 1997, S. 331-346.

Dittrich, Klaus R. und Geppert, Andreas: Objektorientierte Datenbanksysteme - Stand der Technik, in: HMD, 32. Jg. (1995), Heft 183, S. 8-23.

Dittrich, Klaus R. und Kotz, Angelika M.: Objektorientierte Datenbanksysteme, in: HMD, 26. Jg. (1989), Heft 145, S. 94-105.

Dittrich, K.R. und Scherrer, S.: Objektorientierte Datenbanksysteme - Leistungsfähige Basis komplexer Anwendungssysteme, in: Objektorientierte Informationssysteme, Hrsg.: Frauenhofer-Institutszentrum Stuttgart-Vaihingen, Berlin u.a. 1993, S. 34-59.

Eversheim, Walter u.a.: Kurze Produktentwicklungszeiten durch Nutzung unsicherer Informationen, in: it+ti, 37. Jg. (1995), Heft 5, S. 47-53.

Eversheim, Walter u.a.: STEP als Integrationskern für die Produktdatengenerierung, in: VDI-Z, 135. Jg. (1993), Heft 7, S. 63-66.

Geppert, Andreas und Dittrich, Klaus R.: Objektstrukturen in Datenbanksystemen, in: Datenbanksysteme in Büro, Technik und Wissenschaft, Hrsg.: Appelrath, Hans-Jürgen, Berlin u.a. 1991, S. 421-429.

Göpfert, Jochen: Objektorientierte Datenbanksysteme, in: HMD, 30. Jg. (1993), Heft 170, S. 24-34.

Haggenmüller, Rudolf und Kazmeier, Jürgen: Objektorientiertes Modellieren, in: Objektorientierte Systementwicklung, Hrsg.: Held, Gerhard, Berlin u.a. 1991, S. 4-9.

Herzog, Uwe und Lang, Stefan M.: Eine Technologie im Wandel, FOCUS, Beilage zur Computerwoche vom 26.05.1995, S. 4-6.

Heuer, Andreas: Konzept objektorientierter Datenmodelle, in: Entwicklungstendenzen bei Datenbanksystemen, Hrsg.: Vossen, Gottfried und Witt, Kurt-Ulrich, München u.a. 1991, S. 203-252.

Heuer, Andreas: Objektorientierter Datenbankentwurf, in: Informatik Spektrum, Bd. 18 (1995), S. 96-97.

Hohenstein, Uwe u.a.: Eine Evaluierung der Performanz objektorientierter Datenbanksysteme für eine konkrete Applikation, in: Datenbanksysteme in Büro, Technik und Wissenschaft, Hrsg.: Dittrich, Klaus R. und Geppert, Andreas, Berlin u.a. 1997, S. 221-240.

Holland, Martin und Machner, Bodo: Produktdatenmanagement auf der Basis von ISO 10303-STEP, in: CIM Management, 11. Jg. (1995), Heft 4, S. 32-40.

Kemper, Alfons und Moerkotte, Guido: Basiskonzepte objektorientierter Datenbanksysteme, in: Informatik Spektrum, Bd. 16 (1993), S. 69-80.

Kilger, Christoph u.a.: Integrierter Objektbankentwurf in der Produktmodellierung, in: it+ti, 37. Jg. (1995), Heft 5, S. 39-46.

Koch, D.: Integrierte technische Produktdokumentation auf Basis einer objektorientierten Datenbank, in: Objektorientierte Informationssysteme, Hrsg.: Frauenhofer-Institutszentrum Stuttgart-Vaihingen, Berlin u.a. 1993, S. 114-133.

Kratzer, Klaus: Datenmanipulationssprache, in: Lexikon der Wirtschaftsinformatik, Hrsg.: Mertens, Peter u.a., 3. Aufl., Berlin u.a. 1997, S. 117-118.

Krause, Frank-Lothar u.a.: Verteilte, kooperative Produktentwicklung, in: ZWF, 91. Jg. (1996), Heft 4, S. 147-151.

Krause, Frank-Lothar u.a.: Verteilte Produktentwicklung, in: Industrie Management, 14. Jg. (1998), Heft 1, S. 14-18.

Letters, Fritz: Der Nutzen der Objekte aus der Sicht des Managements, Computerwoche, 1997, Heft 37, S. 58-60.

Liesegang, Günter: Qualitätsentwicklung durch QFD, in: Liesegang, Günter (Hrsg.): QFD, Landsberg 1992, S. I-VII.

Lockemann, Peter C. und Dittrich, Klaus R.: Architektur von Datenbanksystemen, in: Datenbank-Handbuch, Hrsg.: Lockemann, Peter C. und Schmidt, Joachim W., Berlin u.a. 1987, S. 85-161.

Lockemann, Peter C. und Radermacher, Klaus: Konzepte, Methoden und Modelle zur Datenmodellierung, in: HMD, 27. Jg. (1990), Heft 152, S. 3-16.

Lührsen, Horst u.a.: STEP-Datenbanken, in: CIM Management, 1993, Heft 5, S. 9-13.

Meier, Andreas und Wüst, Thomas: Objektorientierte Datenbanksysteme - Ein Produktvergleich, in: HMD, 32. Jg. (1995), Heft 183, S. 24-40.

Meyer-Wegener, Klaus: Database Management for Multimedia Applications, in: Multimedia, Hrsg.: Encarnacao, José Luis und Foley, James D., Berlin u.a. 1994, S. 105-120.

Michels, Jochen K.: Äpfel mit Birnen, in: Computing, 1995, Heft 3, S. 71-75.

Nagl, Wolf: Internet als Katalysator von DB-Trends, in: Computerwoche, 1997, Heft 12, S. 55-56.

o.A.: Objektdatenbanken sind nicht für jede Art von Daten besser, in: Computerwoche, 1996, Heft 3, S. 44.

Ortner, E. und Söllner, B.: Semantische Datenmodellierung nach der Objekttypenmethode, in: Informatik Spektrum, Bd. 12 (1989), S. 31-42.

Reuter, Andreas: Maßnahmen zur Wahrung von Sicherheits- und Integritätsbedingungen, in: Datenbank-Handbuch, Hrsg.: Lockemann, Peter C. und Schmidt, Joachim W., Berlin u.a. 1987, S. 337-479.

Schmidt, Joachim W.: Datenbankmodelle, in: Datenbank-Handbuch, Hrsg.: Lockemann, Peter C. und Schmidt, Joachim W., Berlin u.a. 1987, S. 4-83.

Schmidt, Jürgen und Steuernagel, Ralf: Objektorientierte Produkt-/ Produktionsdatenbank PPM-*, in: VDI-Z, 133. Jg. (1991), Heft 9, S. 120-128.

Scholl, Marc H. und Schek, Hans-Jörg: Evolution von Datenmodellen, in: HMD, 27. Jg. (1990), Heft 152, S. 103-115.

Schreier, Ulf: Datenbeschreibungssprache, in: Lexikon der Wirtschafts- informatik, Hrsg.: Mertens, Peter u.a., 3. Aufl., Berlin u.a. 1997, S. 116.

Wagner, Gerd: Jenseits von Schema F, in: c`t, 1997, Heft 5, S. 276-282.

Wedeking, Hartmut: Datenmodell, in: Lexikon der Wirtschaftsinformatik, Hrsg.: Peter Mertens u.a., 3. Aufl., Berlin u.a. 1997, S. 118-120.

Eidesstattliche Versicherung

Ich versichere, daß ich die vorstehende Arbeit selbständig und ohne fremde Hilfe angefertigt und mich anderer als der im beigefügten Verzeichnis angegebenen Hilfsmittel nicht bedient habe. Alle Stellen, die wörtlich oder sinngemäß aus Veröffentlichungen entnommen wurden, sind als solche kenntlich gemacht.

Hamburg, den 04. August 1998

Diplomarbeiten Agentur

Die Diplomarbeiten Agentur vermarktet seit 1996 erfolgreich Wirtschaftsstudien, Diplomarbeiten, Magisterarbeiten, Dissertationen und andere Studienabschlußarbeiten aller Fachbereiche und Hochschulen.

Seriosität, Professionalität und Exklusivität prägen unsere Leistungen:

- Kostenlose Aufnahme der Arbeiten in unser Lieferprogramm
- Faire Beteiligung an den Verkaufserlösen
- Autorinnen und Autoren können den Verkaufspreis selber festlegen
- Effizientes Marketing über viele Distributionskanäle
- Präsenz im Internet unter **http://www.diplom.de**
- Umfangreiches Angebot von mehreren tausend Arbeiten
- Großer Bekanntheitsgrad durch Fernsehen, Hörfunk und Printmedien

Setzen Sie sich mit uns in Verbindung:

Diplomarbeiten Agentur
Dipl. Kfm. Dipl. Hdl. Björn Bedey
Dipl. Wi.-Ing. Martin Haschke
und Guido Meyer GbR

Hermannstal 119 k
22119 Hamburg

Fon: 040 / 655 99 20
Fax: 040 / 655 99 222

agentur@diplom.de
www.diplom.de

Diplomarbeiten Agentur

www.diplom.de

- **Online-Katalog**
  mit mehreren tausend Studien

- **Online-Suchmaschine**
  für die individuelle Recherche

- **Online-Inhaltsangaben**
  zu jeder Studie kostenlos einsehbar

- **Online-Bestellfunktion**
  damit keine Zeit verloren geht

**Wissensquellen
gewinnbringend nutzen.**

**Wettbewerbsvorteile
kostengünstig verschaffen.**